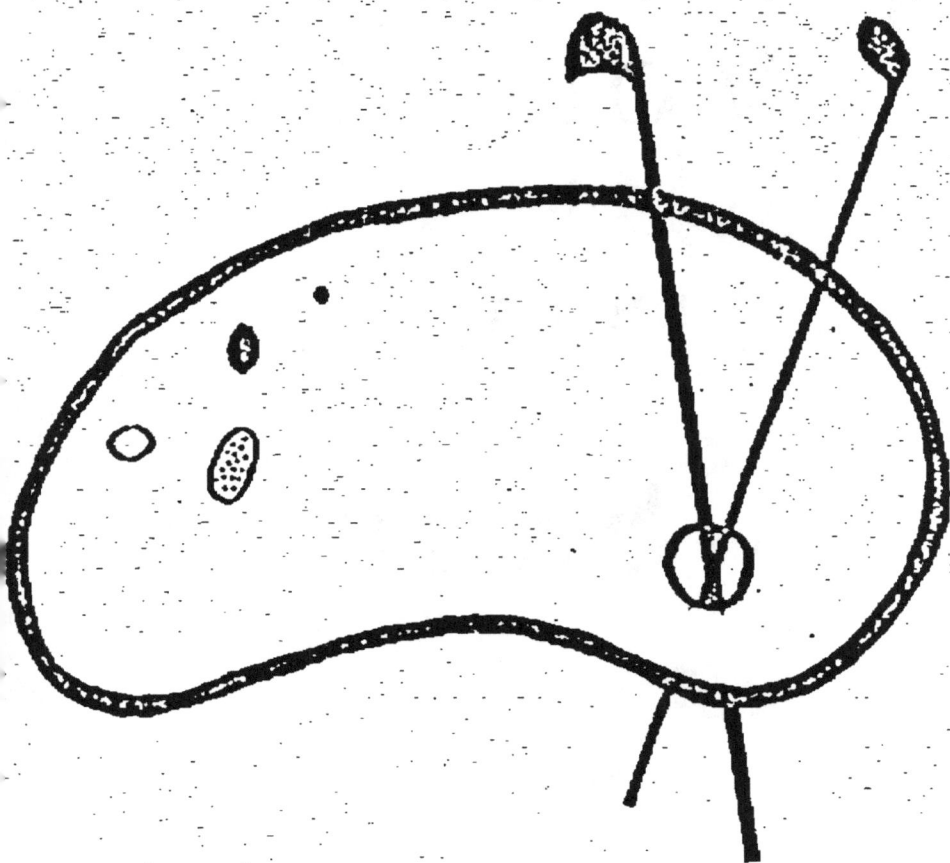

DEBUT D'UNE SERIE DE DOCUMENTS
EN COULEUR

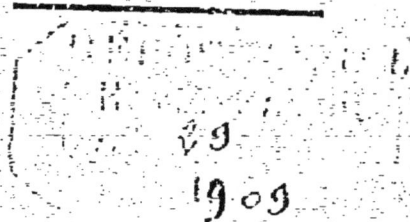

LA VOIX

DE LA

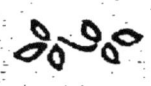

SAGESSE

BIBLIOTHÈQUE IDÉALISTE LYONNAISE

45, Rue Tête d'Or

LYON

MCMIX

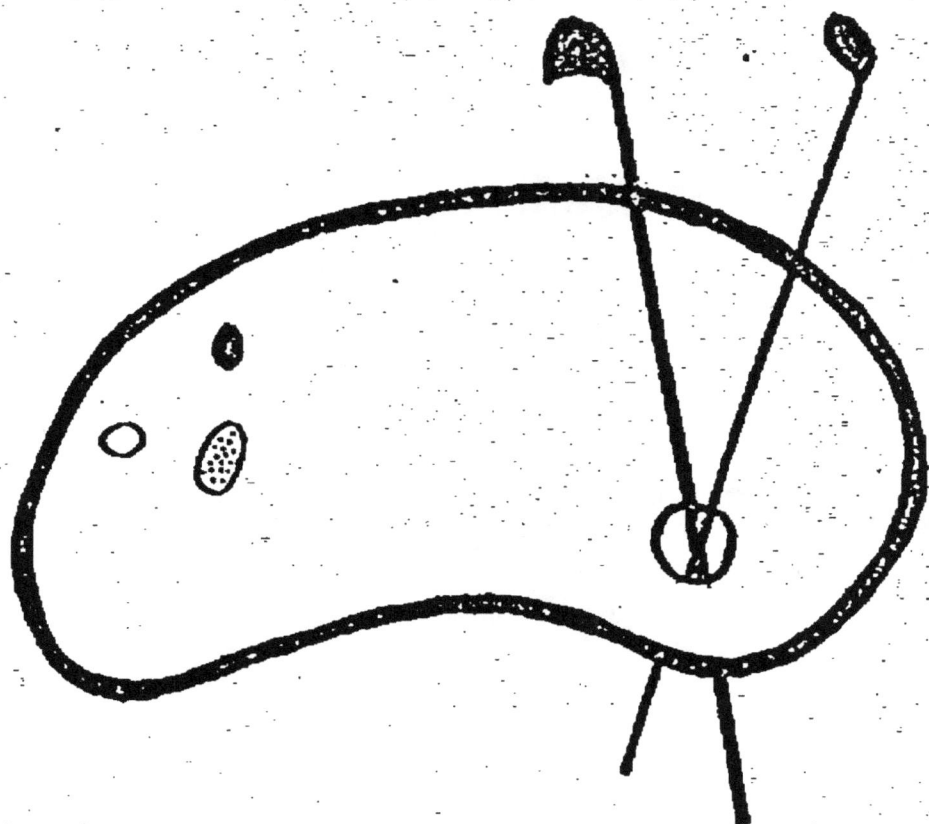

FIN D'UNE SERIE DE DOCUMENTS
EN COULEUR

LA VOIX DE LA SAGESSE

LA VOIX

DE LA

SAGESSE

BIBLIOTHÈQUE IDÉALISTE LYONNAISE

45, Rue Tête d'Or

LYON

MCMIX

DÉDICACE

A ceux que la vanité du monde a lassés et qui cherchent le but de l'existence humaine ;

A ceux que la souffrance a visités et qui aspirent à la paix profonde ;

A ceux que les ténèbres ont oppressés et qui implorent un rayon de la Lumière.

AVANT-PROPOS

HOMME,

Sois attentif aux paroles de vérité, sans t'inquiéter de savoir quelles lèvres les ont proférées.

Tu trouveras dans ce livre la pensée des plus sages parmi tes semblables, mais le nom de ces sages, tu ne le trouveras pas. Qu'importe l'époque à laquelle ils ont vécu et la race qui leur donna le jour? Tous se nomment pareillement *enfants de la Lumière*. Ils n'ont été qu'un écho de la voix qui parle dans le cœur de chaque homme, et que tu ne sais pas encore écouter.

Pour arriver à suivre leurs traces et à entrevoir un aspect de la Vérité elle-même, commence par méditer les vérités fragmentaires qu'ils nous ont enseignées. Par l'exercice de la méditation profonde et silencieuse, habituellement répété, l'esprit se dégage des nuages de l'ignorance et du doute ; il devient progressivement apte à percevoir un rayon de la Lumière qui éclaire tout homme venant en ce monde. Et, comme la pluie dans une maison mal couverte, les passions pénètrent dans un cœur que la méditation n'habite point.

C'est pourquoi ce livre t'est offert. A toi, suivant la pureté de ton désir et l'énergie de ton effort, de le transformer en une échelle de Jacob.

Médite peu à la fois, mais que ton esprit sache remonter jusqu'au cœur du Mystère.

Souviens-toi surtout qu'on ne connaît une vérité que dans la mesure où on la réalise en actes dans la vie quotidienne. Il ne suffit pas que tu possèdes la vérité, il faut que la vérité te possède.

Lorsque, par ton effort, tu auras dépassé le royaume de l'erreur et de l'illusion et compris l'inanité des controverses passées et futures, tu sauras ce que c'est que la science, ce que c'est que la puissance et ce que c'est que la paix profonde.

Avertissement au Lecteur

Sois humble si tu veux atteindre la Sagesse,

Sois plus humble encore si tu as atteint la Sagesse.

PREMIER CYCLE.

PREMIÈRE PARTIE

I

La sagesse est une source de vie pour celui qui la possède ; et le châtiment des insensés, c'est leur folie.

II

La voie morale du sage peut être comparée au chemin de celui qui gravit une montagne en partant de la plaine.

III

Personne ne peut nous rendre mauvais si nous voulons être bons.

IV

Les fous qui connaissent leur folie sont sages jusqu'à un certain point. Mais le fou qui se croit sage, celui-là est vraiment un fou.

V

Celui qui est libre et heureux, là où il se trouve, connaît déjà le ciel.

VI

Toute supériorité est un principe isolant et qui force à choisir non seulement ses amitiés mais ses relations.

VII

Toutes les fois qu'il t'arrive de plaire aux sots, à quelque degré que ce soit, sache bien que tu es tombé par quelque côté dans la vulgarité et la niaiserie.

VIII

Si une chose t'est difficile à toi, ne suppose pas qu'elle est impossible à l'homme. Mais si une chose est propre et possible à l'homme, pense qu'elle t'est accessible à toi aussi.

IX

La grandeur des actions humaines se mesure à l'inspiration qui les fait naître.

X

L'homme supérieur perfectionne ou développe les bonnes qualités des autres hommes ; il ne perfectionne pas et ne développe pas leurs mauvais penchants. L'homme vulgaire est l'opposé.

XI

Qui peut prétendre que le soleil est au plein midi si aucun rayon lumineux ne réjouit la contrée, si aucune chaleur ne vivifie les plantes ? Si la sagesse n'améliore pas les hommes et si l'amour ne les rend pas plus heureux, il ne s'est encore fait que bien peu de chose pour le Tout.

XII

Quiconque éteint dans l'homme un sentiment de bienveillance le tue partiellement.

XIII

Les paroles que l'on croit ne sont pas les bonnes ; les paroles bonnes ne sont pas crues. Ce qui est bien n'est pas retenu ; on retient ce qui n'est pas bien. La science ne se transmet pas ; on transmet ce qui n'est pas la science.

XIV

Lorsqu'on a mal fait, il faut mieux faire ; lorsqu'on a perdu un bien, il faut travailler pour en acquérir un autre ; lorsqu'on a provoqué une souffrance, il faut l'endurer sans se plaindre ; mais il ne faut jamais rien regretter. Ce qui est fait est fait, et ce qu'on a perdu on a eu le bonheur de le posséder.

XV

Mieux vaut un morceau de pain sec et la paix, qu'une maison pleine de viandes... et des querelles.

XVI

L'homme heureux c'est celui qui se donne à lui-même une bonne destinée ; et une bonne destinée ce sont de bonnes dispositions, de bonnes actions, de bonnes tendances.

XVII

Lorsqu'on a pénétré et approfondi les principes des actions, les connaissances morales parviennent à leur dernier degré de perfection. Les connaissances morales étant parvenues à leur dernier degré de perfection, les intentions sont ensuite rendues pures et sincères. Les intentions étant rendues pures et sincères, l'âme se pénè-

tre ensuite de probité et de droiture. L'âme étant péné-
trée de probité et de droiture, la personne est ensuite
corrigée et améliorée. La personne étant corrigée et
améliorée, la famille est ensuite bien dirigée. La famille
étant bien dirigée, le royaume est ensuite bien gouverné.
Le royaume étant bien gouverné, le monde jouit de la
paix et de la bonne harmonie.

XVIII

La sagesse est meilleure que les perles, et tout ce
qu'on saurait souhaiter ne la vaut pas.

Deuxième Partie

I

Il y a un jugement terrible prononcé sur l'espèce humaine, et voici ce jugement :

Les hommes ne peuvent pas devenir heureux tant qu'ils ne seront pas sages.

II

Depuis l'homme le plus élevé en dignité jusqu'au plus humble et au plus obscur, le devoir est égal pour tous : corriger et améliorer sa personne, ou se perfectionner soi-même, est la base fondamentale de tout progrès et de tout développement moral.

III

Sache que la science s'obtient en honorant, en interrogeant, en servant les sages ; ces sages qui voient la vérité sont ceux qui t'enseigneront la science.

IV

L'homme supérieur ne demande rien qu'à lui-même ;

l'homme vulgaire et sans mérites demande tout aux autres.

V

Souviens-toi sans cesse que tu es homme, que la nature humaine est fragile, que tu peux succomber, et tu ne succomberas jamais.

VI

Que celui qui veut savoir les secrets sache d'abord garder secrètement les secrets ; qu'en scellant, il scelle.

VII

L'homme devrait agir comme s'il pouvait tout et se résigner comme s'il ne pouvait rien.

VIII

Ce ne sont pas les méchants qu'il faut haïr, c'est la méchanceté.

IX

Donner à manger à un seul homme de bien est infiniment plus méritoire que de s'occuper aux questions sur le ciel et la terre, les esprits et les démons, qui occupent ordinairement les hommes.

X

Il faut, vis-à-vis des violents, parler ainsi : je ne veux pas être le chef, mais l'étranger ; je n'ose ni monter d'un pouce, ni descendre d'un pied. Ainsi, commander sans paraître commander ; ne pas disputer ; gagner sans violence. Il faut commencer une chose sans éclat et doucement. Commencer doucement, c'est le mécanisme

qui est notre trésor ; celui qui agit ainsi est plus fort
que les armées. Beaucoup penser donne le succès.

XI

Nous ne pouvons nous flatter d'avoir compris une
vérité que lorsqu'il nous est impossible de ne pas y
conformer notre vie.

XII

Ce que peut la vertu d'un homme ne doit pas se mesu-
rer par ses efforts, mais par son ordinaire.

XIII

Il faut être droit, et non redressé.

XIV

C'est par le gouvernement et l'éducation de lui-même
que l'homme est grand.

XV

Le plus grand bonheur auquel puisse atteindre l'homme sur terre, c'est d'avoir une noble affection au cœur
et une puissante occupation de l'esprit.

XVI

Le plus haut phénomène de l'amour, c'est l'intronisa-
tion de la paix dans deux âmes. Aimer, c'est s'épanouir
en autrui qui s'épanouit en vous.

XVII

Ceux qui vivent dans la même pensée et dans le même amour ne peuvent jamais être séparés.

XVIII

L'amour seul peut enchaîner l'une à l'autre deux âmes libres, et l'homme qui retient captive la femme qui ne l'aime pas attache une vipère sur son cœur.

XIX

La femme symbolique est toute divine parce qu'elle est tout amour ; elle n'a pas de responsabilité personnelle ; son salut, c'est d'aimer, et elle accompagne celui qu'elle aime soit dans le ciel, soit dans l'enfer.

XX

Partout où les femmes sont honorées, les divinités sont satisfaites ; mais lorsqu'on ne les honore pas, tous les actes pieux sont stériles.

XXI

La femme est une fleur qui ne donne son parfum qu'à l'ombre.

XXII

Les maris doivent aimer leurs femmes comme leur propre corps. Celui qui aime sa femme s'aime lui-même. C'est pourquoi l'homme quittera son père et sa mère pour s'attacher à sa femme, et les deux seront une seule chair.

XXIII

Dans toute famille où le mari se plait avec sa femme et la femme avec son mari, le bonheur est assuré pour jamais.

XXIV

Une femme qui aime la paix donnera le bonheur à sa famille.

XXV

Si un mariage dans l'esprit est chaste et tient de la sainteté du mariage, il est chaste aussi quand il est à son complet dans le corps ; et pareillement, si un mariage dans l'esprit est inchaste, il est inchaste aussi dans le corps.

XXVI

L'obscénité est un blasphème contre la vie.

XXVII

Les animaux sont mâles et femelles et s'accouplent au hasard ; tout homme qui change de femme est un animal ; toute femme qui admet plusieurs hommes est une femelle.

XXVIII

Une famille divisée, c'est une nichée de singes ou de serpents.

XXIX

Quand un être que vous prétendez aimer ne vous aime pas, c'est que vous ne savez pas l'aimer.

XXX

Plus nous exigeons des autres, moins ils nous doivent.

XXXI

Malheur à celui qui est seul, parce qu'étant tombé il n'aura personne pour le relever.

XXXII

Il ne faut point s'attacher aux êtres qui peuvent mourir, mais à leurs qualités immortelles.

XXXIII

Deux esprits peuvent se rencontrer ; il n'y a que les cœurs qui se pénètrent.

XXXIV

Celui qui mène l'homme à Dieu, quel que soit le chemin, est la plus noble des créatures. Celui qui éloigne l'homme de Dieu, quel que soit le motif, est la plus infâme des créatures.

XXXV

Pour le salut du monde, je m'en remettrai avec confiance au Créateur du monde, et je m'occuperai un peu de mon propre salut, pour lequel je suis plus compétent.

XXXVI

Tous les vrais hommes qui vivent ou qui ont jamais vécu sont des soldats de la même armée, enrôlés sous la capitainerie du Ciel, pour livrer bataille au même ennemi, l'empire des Ténèbres et du Mal. Pourquoi nous méconnaitrions-nous l'un l'autre, combattrions-nous non contre l'ennemi, mais contre nous-mêmes, pour la simple différence d'uniformes ? Tous les uniformes sont bons, pourvu qu'ils contiennent de vrais vaillants hommes.

XXXVII

On ne se mettrait peut-être jamais en colère contre quelqu'un si on connaissait d'avance le jour où il ne sera plus qu'une poignée de poussière.

XXXVIII

L'homme qui se plaint d'une ingratitude ne doit s'en prendre qu'à lui-même, car il n'a pas su se rendre utile puisqu'il n'a pas su se faire aimer.

XXXIX

Il faut être fou pour disputer avec un fou ; chercher à le convaincre, c'est vouloir blanchir un nègre ; on ne persuade jamais ceux qui ne veulent pas être persuadés. Il y a des gens assez naïfs pour croire qu'on va les écouter parce qu'ils diront la vérité, comme si les hommes s'éloignaient de la vérité seulement par ignorance, et non par mauvaise volonté. Toutes les vérités sont connues et dédaignées. La vérité ennuie les hommes ; il faut des mensonges pour leur plaire et les amuser. Il faut dire aux fous les mensonges qui leur plaisent et non les vérités qui les irritent.

XL

Quiconque hait son frère est un meurtrier.

XLI

Les hommes mêmes qui passent pour s'occuper spécialement de philosophie, ressemblent presque toujours à ces enfants qui jouent à se proposer entre eux des énigmes, et qui s'empressent de mettre hors du jeu celui qui sait le mot d'avance, de peur que celui-là ne les empêche de jouer, en ôtant tout son intérêt à l'embarras de leurs questions.

XLII

Pour bien jouir des avantages de la société il faut apprendre à vivre seul, et pour n'avoir jamais à se plaindre trop amèrement des hommes, il faut savoir se passer d'eux.

Il faut mettre sa joie dans ce qu'on donne et non dans ce qu'on reçoit des autres. Disposé à donner tout, il faut tout accepter, mais il ne faut jamais rien exiger ni attendre.

XLIII

Une chaîne de fer est plus facile à briser qu'une chaîne de fleurs.

XLIV

Conserver sa raison au milieu des fous, sa foi au milieu des superstitions, sa dignité au milieu des caractères amoindris, et son indépendance au milieu des moutons de Panurge, c'est, de tous, le miracle le plus rare, le plus beau et aussi le plus difficile à accomplir.

XLV

Pour être en paix avec tout le monde, il faut cacher sa vie et réserver ses pensées, n'avoir pas trop d'esprit devant les sots, ni trop de raison devant les hommes passionnés ; il faut de plus s'armer d'une patience à toute épreuve.

XLVI

Les mauvaises compagnies corrompent les bonnes mœurs.

XLVII

Le plus court chemin pour disposer les hommes au bien est de les attirer par l'exemple de ceux qui les gouvernent.

XLVIII

Si l'on choisit des sages pour gouverner dans le monde, on peut espérer que les peuples seront heureux ; si l'on choisit des téméraires ou des imprudents, la ruine des Etats s'ensuivra infailliblement.

XLIX

C'est une marche fausse que de chercher le bien en faisant le mal. Un système qui veut qu'on fasse souffrir d'autres êtres n'est pas un système religieux.

L

L'humanité n'a qu'un corps et qu'une âme ; elle vit partout où elle se sent travailler et souffrir. Or, un membre qui n'est plus sensible au bien être ou à la douleur des autres membres est mort et doit être bientôt retranché.

LI

Ce qui n'est pas utile à l'essaim n'est pas utile à l'abeille.

TROISIÈME PARTIE

I

Qui creuse une fosse y tombera, et la pierre retournera sur celui qui la roule.

II

Il n'y a pas un endroit sur la terre, ni dans le ciel, ni dans la mer, ni dans les précipices de la montagne, où une mauvaise action n'apporte pas le trouble à son auteur.

III

Prends garde de ne promettre que ce qui est juste, car ta promesse est un lien, et si tu ne l'exécutes pas, une condamnation.

IV

Celui qui apporte le papyrus et le pinceau pour écrire un arrêt de mort est complice de cette mort : celui qui donne le bâton pour frapper est jugé comme s'il frappait.

V

Le bien qu'on fait la veille fait le bonheur du lendemain.

VI

Ce qu'un homme aura semé, il le moissonnera aussi. Celui qui sème pour sa chair moissonnera de la chair, la corruption ; mais celui qui sème pour l'esprit moissonnera de l'esprit, la vie éternelle.

VII

Comme la justice tend à la vie, celui qui poursuit le mal tend à sa mort.

VIII

Quiconque commet, de propos libéré, une mauvaise action donne des arrhes à la destruction éternelle, et ne peut prévoir d'avance où ce marché funeste le conduira.

IX

Parce que la sentence contre les mauvaises œuvres ne s'exécute pas immédiatement, le cœur des fils des hommes est plein d'envie de faire le mal.

X

Chaque fois que l'homme approuve mentalement un acte ou une idée, il s'y associe et participe dès lors au jugement éternel que mérite cet acte ou cette idée.

XI

Le sage cherche la cause de ses malheurs en lui-même, mais le fou, qui s'ignore, la cherche partout ailleurs.

XII

Plus la conception qui domine une vie est élevée, mieux

cette vie revêt un sens durable. Mais tout être devient
solidaire des formules qu'il adopte, et le succès dépend
non seulement de son zèle mais aussi de la vie abstraite
des idées qu'il incarne.

XIII

Pour être obéi, il faut prouver sa supériorité. Un
diable n'écoute que celui qu'il n'a jamais pu troubler.

XIV

Quand une mauvaise action a été commise, il faut
commettre une bonne action au moins équivalente ; celui
qui a causé au prochain un dommage lui doit un avantage ; celui qui a témoigné trois fois pour l'erreur, doit
témoigner sept fois pour la vérité.

XV

Tout ce qui livre notre âme à la fatalité des vertiges
est vraiment infernal, puisque le Ciel est le règne éternel de l'ordre, de l'intelligence et de la liberté.

XVI

La liberté, c'est l'obéissance volontaire à la loi, c'est
le droit de faire son devoir, et seuls les hommes raison-
nables et justes sont libres.

XVII

Celui qui estime plus l'or que la vertu perdra l'or et la
vertu.

XVIII

Dans la nature, tout se conserve par l'équilibre et se

renouvelle par le mouvement. L'équilibre, c'est l'ordre ; et le mouvement, c'est le progrès.

XIX

L'homme recueillera, dans ses renaissances successives, le prix de ce qu'il aura semé. Il n'est pas un acte, pas un instant de son existence actuelle qui ne prépare son sort futur. Il sera ce qu'il se sera fait lui-même.

XX

Nous n'emportons de cette vie que la perfection que nous avons donnée à notre âme.

XXI

Tous les éléments sont déchaînés contre nous : à peine ont-ils produit notre forme corporelle qu'ils travaillent tous à la dissoudre, en rappelant continuellement à eux les principes de vie qu'ils nous ont donnés. Nous n'existons que pour nous défendre contre leurs assauts, et nous sommes comme des infirmes abandonnés et réduits à panser perpétuellement leurs blessures. Que sont nos édifices, nos vêtements, nos serviteurs, nos aliments, sinon autant d'indices de notre faiblesse et de notre impuissance ? Enfin il n'y a pour nos corps que deux états : le dépérissement ou la mort ; s'ils ne s'altèrent ils sont dans le néant.

XXII

L'homme qui meurt est un astre couchant qui se lève plus radieux sur un autre hémisphère.

XXIII

Le corps est une triste demeure pour l'âme : cette

maison délabrée menace toujours ruine ; on voit bien que nous n'en sommes que les occupateurs à titre précaire.

XXIV

La mort suit immédiatement la naissance et la renaissance suit immanquablement la mort.

XXV

Qu'est-ce que la mort ? Si on la considère en elle seule, et si par une abstraction de la pensée, on la sépare des fantômes que nous y ajoutons, il reste que c'est seulement une opération de la Nature ; et celui qui a peur d'une opération de la Nature est un enfant.

XXVI

Ce qui rampe aujourd'hui peut voler demain.

XXVII

Toute destruction n'est qu'une nouvelle création sur une plus vaste échelle ; toute mort n'est que du corps, non de l'âme.

XXVIII

L'enfant qui se trouve bien dans les bras de sa mère pleure quand elle le pose à terre pour le faire marcher. C'est ainsi que nous nous plaignons dans les épreuves de la vie. Puis, quand animé et tenu en éveil par les jeux du soir, l'enfant refuse de se livrer au sommeil, sa mère qui sait mieux que lui ce qu'il lui faut, le déshabille et le pose dans son berceau malgré ses larmes. C'est ainsi que nous luttons contre la Nature dans l'appréhension de ce que nous nommons la mort. Mais quand sonne l'heure du repos, la Nature nous couche et le sommeil vient.

XXIX

Il faut toujours considérer les choses humaines comme éphémères et sans valeur ; hier germe, aujourd'hui cadavre embaumé et cendres. Il convient donc de passer cet infini moment de la durée selon la nature et de finir sa vie avec sérénité comme une olive mûre qui tomberait, bénissant la terre qui l'a nourrie et rendant grâces à l'arbre qui l'a portée.

XXX

Ce que l'homme appelle un mystère n'est que l'effet de son ignorance.

XXXI

Toute notre vie n'est qu'une succession de craintes injustifiées.

XXXII

Les systèmes qui se heurtent maintenant sont les rêves du crépuscule. Laissons-les passer. Le soleil luit et la terre poursuit sa marche : insensé serait celui qui douterait du jour.

XXXIII

La vérité est comme la lumière. Il faut s'y habituer peu à peu, autrement elle éblouit.

XXXIV

Il y a unité dans la nature depuis l'atôme jusqu'à l'homme.

XXXV

La Nature ne va pas par sauts et par bonds ; elle passe d'un degré à un autre degré par des transitions insensibles.

XXXVI

Le monde est une épreuve où l'homme doit travailler à se rapprocher de Dieu par le sentiment de l'ordre providentiel et l'amour des autres créatures.

XXXVII

Nous devons nous rappeler quel arbitre est la Nature, quelle grandeur composée de profondeur et de tolérance est en elle. Vous prenez du froment pour le jeter dans le sein de la Terre : votre froment peut être mélangé de balle, de paille hachée, de balayures de grange, de poussière et de tous les rebuts imaginables, peu importe : vous le jetez dans la bonne et juste Terre ; elle fait pousser le froment. Tous les rebuts elle les absorbe silencieusement, les ensevelit ; elle ne dit rien des rebus. Le froment jaune est là qui croit, la bonne Terre est silencieuse sur tout le reste ; elle a silencieusement tiré parti de tout le reste aussi, et elle ne fait aucune plainte à ce sujet. Ainsi en est-il partout dans la Nature.

XXXVIII

Il faut prendre garde au commencement et à la fin des choses. Un arbre, qu'un homme étreindrait à peine, a pour racine un cheveu fin : une tour de neuf étages a commencé par une poignée de terre.

XXXIX

Traiter légèrement ce qui est le principal et gravement ce qui n'est que secondaire est une méthode d'agir qu'il ne faut jamais suivre.

XL

Il y a un temps pour naître et un temps pour mourir ; un temps pour planter et un temps pour arracher ; un temps pour tuer et un temps pour guérir ; un temps pour pleurer et un temps pour rire ; un temps pour embrasser et un temps pour s'éloigner des embrassements ; un temps pour acquérir et un temps pour laisser perdre ; un temps pour se taire et un temps pour parler ; un temps pour la paix et un temps pour la guerre.

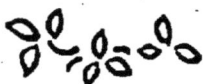

DEUXIEME CYCLE

Première Partie

I

L'initiation exige d'austères épreuves. Êtes-vous courageux ? Consentez-vous au silence et à la solitude ? Consentez-vous, au sein de votre liberté, à un travail plus profond, mais aussi régulier que le travail forcé du collège, ce travail que les hommes imposent aux enfants, mais non pas à eux-mêmes ? Consentez-vous, dans cette voie rude, à voir vos égaux, par une voie facile, vous dépasser dans la carrière et prendre votre place dans le monde ? Pouvez-vous tout sacrifier, sans exception, à la justice et à la vérité ? Alors, écoutez.

II

Efface sur ton calendrier les jours où tu n'as pas conscience d'avoir participé, par un geste quelconque, à la grande œuvre divine sur terre : ils ne comptent pas.

III

La *sincérité*, une profonde, grande, ingénue sincérité, est le premier caractère de tous les hommes qui sont, d'une façon quelconque, héroïques.

IV

Il est meilleur d'être simple que de connaitre beaucoup de mystères.

V

Un homme n'est pas fort qui prend des accès de convulsions, bien que six hommes ne puissent le tenir alors. Celui qui peut avancer sous le poids le plus lourd sans chanceler, voilà l'homme fort.

VI

La vraie grandeur est celle de l'homme qui remplit sa tâche sans se préoccuper de son personnage, ni du bruit, ni des regards, fort du devoir accompli et de sa confiance en la Providence.

VII

Quand tu auras renoncé à te demander : « De quoi vivrai-je et de quoi jouirai-je aujourd'hui », et que tu te préoccuperas uniquement de savoir quel bien tu peux faire dans le moment présent, tu seras plus satisfait de ce monde. Car alors seulement tu sauras ce que c'est que vivre.

VIII

Si on te dit que pour devenir un sage tu dois cesser d'aimer tous les êtres, réponds à ceux-ci qu'ils mentent. Si on te dit que pour gagner la délivrance tu dois haïr ta mère et te détourner de ton fils, désavouer ton père, renoncer à toute pitié pour l'homme et pour la bête, réponds à ceux-ci que leur langue est fausse.

IX

Qui sait ne parle pas. Qui parle ne sait pas. Le sage clôt sa bouche ; il ferme ses yeux ; il ouvre son cœur ; il assemble ses lumières intérieures tout en se mêlant au vulgaire extérieur. Il est alors bien profond. Il ne se soucie ni d'amis ni d'ennemis ; il dédaigne à la fois les avantages et les pertes, les honneurs et les disgrâces. Son exemple fait du bien à tous les hommes.

X

Si, même sur les choses communes, nous exigeons qu'un homme garde ses doutes en silence et n'en bavarde pas, jusqu'à ce qu'en quelque mesure ils deviennent affirmation ou négation, combien plus encore, pour ce qui regarde les plus hautes choses, absolument impossibles à exprimer en paroles ! Qu'un homme fasse parade de son doute et arrive à s'imaginer que le débat et la logique est le triomphe et la vraie œuvre de ce qu'il y a d'intelligence : hélas ! ceci c'est comme si vous retourniez l'arbre, et au lieu des verts rameaux, des feuilles et des fruits, vous nous montriez les vilaines griffes des racines retournées en l'air.

XI

Les sages ne pleurent ni les vivants ni les morts.

XII

L'homme qui rougit de porter de mauvais vêtements et de se nourrir d'aliments grossiers n'est pas encore prêt à entendre la sainte parole de la justice.

XIII

Les sages fuient le siècle.

XIV

L'homme animal ne conçoit pas ce qui est de l'esprit.

XV

L'enfer sur la terre consiste à n'avoir ni force ni envie d'accomplir le bien et à ne pas même voir ce qu'il y aurait à faire autour de nous.

XVI

Toutes les fois que tu veux te donner de la joie, considère les mérites de ceux qui vivent avec toi : l'activité de l'un, la modestie de l'autre, la générosité d'un troisième. Rien n'apporte autant de joie que l'image des vertus qui éclatent dans les mœurs de ceux qui vivent avec nous.

XVII

L'homme qui prend la vie au sérieux et emploie son activité à la poursuite d'une fin généreuse, voilà l'homme religieux. L'homme frivole, superficiel, sans haute moralité, voilà l'impie.

XVIII

La puissance de l'homme sur la nature dépend de sa puissance sur lui-même ; il pourra dans le macrocosme suivant ce qu'il aura pu dans le microcosme. L'art de commander à la matière consiste à s'affranchir de son

joug. Le continent, le tempérant, le travailleur et le bienveillant n'ont que faire d'autres conjurations.

XIX

Si l'homme intérieur n'a pas atteint le degré de rectitude nécessaire, l'homme extérieur ne peut produire
que des actions déréglées.

XX

Le sage n'a pas d'affections particulières ; l'humanité
est son affection. Qui est bon, dit-il, je suis bon avec lui ;
qui n'est pas bon, je suis bon quand même : voilà la vraie
bonté. Qui est sincère, je suis sincère avec lui ; qui n'est
pas sincère, je suis sincère quand même : voilà la vraie
sincérité.

XXI

Le sage suit la voie naturelle que le Ciel et la Nature
lui enseignent. Il ne faut point se proposer de vertus
extraordinaires, sans utilité pratique, aspirer à l'impossible, ni demander plus que la condition humaine ne peut
comporter. Il ne faut point rechercher les phénomènes
surnaturels et miraculeux, ni vouloir se faire une réputa-
tion parmi les hommes au moyen de prestiges.

XXII

L'homme probe agit sans mal faire, parle sans mentir,
explique sans exagérer ; tandis que l'homme qui sait
fermer, si fort qu'il soit, ne sait pas ouvrir, et que
l'homme qui sait attacher ne sait pas délier.

XXIII

Le sage ne craint pas, car rien ne peut lui nuire. Il ne

s'attriste point, car la tristesse est inutile, ce qui est une fois ne pouvant pas n'avoir pas été. Tout arrivant par la permission du Ciel, il n'a pas de raison pour désapprouver un événement plutôt qu'un autre, alors qu'il n'en connaît pas les suites et ne saurait juger du bien ou du mal qui en résultent. Il sait enfin que la Providence céleste en juge mieux que lui, et lui destine toujours ce qui lui convient le mieux.

XXIV

L'homme supérieur a trois apparences changeantes. Si on le considère de loin, il paraît grave et austère. Si on approche de lui, il paraît doux et affable. Si on entend ses paroles, il paraît sévère et rigide.

XXV

Le chemin des hommes droits, c'est d'éviter le mal ; celui qui garde son âme veille sur sa voie.

XXVI

L'égoïste dévot vit sans but. L'homme qui n'accomplit pas la tâche à lui échue dans la vie a vécu en vain.

XXVII

Le sage ne se hâte ni dans ses études ni dans ses paroles ; il ne connaît la hâte que pour faire une bonne action.

XXVIII

Dans un instant tu seras mort, et tu n'es encore ni simple, ni calme, ni délivré de l'erreur que les choses du dehors peuvent te nuire, ni bienveillant pour tous, ni convaincu que la sagesse consiste seulement à agir avec justice.

XXIX

Celui-là est vraiment sage qui juge les choses suivant ce qu'elles sont, et non suivant le récit et l'estime que les hommes en font ; et sa science vient plus de Dieu que des hommes.

XXX

Il faut un certain enthousiasme pour traverser dignement la vie et pour ne pas perdre de vue, au milieu des soins ordinaires de sa conservation, le grand but auquel elle doit servir, sous peine d'être une vie manquée.

XXXI

Plus la volonté surmonte d'obstacles, plus elle est forte.

XXXII

On ne peut s'appuyer que sur ce qui résiste.

XXXIII

Un homme vit en croyant quelque chose, non en débattant et argumentant sur beaucoup de choses.

XXXIV

Au moyen du zèle, de la vigilance, de la paix de l'âme et de l'empire sur soi-même, le sage peut se faire une île que les flots n'inondent pas.

XXXV

Quand l'homme renonce à tous les désirs qui pénètrent

les cœurs, quand il est heureux avec lui-même, alors il est dit ferme en la sagesse. Quand il est inébranlable dans les revers, exempt de joie dans les succès, quand il a chassé les amours, les terreurs, la colère, il est dit alors solitaire ferme en la sagesse. Si d'aucun point il n'est affecté, ni des biens, ni des maux, s'il ne se réjouit ni ne se fâche, en lui la sagesse est affermie. Si, comme la tortue retire à elle tous ses membres, il soustrait ses sens aux objets sensibles, en lui la sagesse est affermie.

XXXVI

Rien ne résiste à la volonté de l'homme lorsqu'il sait le vrai et veut le bien.

XXXVII

Si tu ne peux atteindre le « sentier secret » aujourd'hui, il sera à ta portée demain.

XXXVIII

Heureux l'homme qui a trouvé la sagesse et l'homme qui avance dans l'intelligence.

Deuxième Partie

I

Quelle est ta première pensée consciente le matin en t'éveillant ? D'elle dépendra le sort de ta journée.

II

Avant de prétendre faire du bien, sache t'imposer comme règle de ne pas faire de mal. Qu'aucune créature vivante ne reçoive de toi du trouble ou de la souffrance, alors qu'il est en ton pouvoir de le lui éviter.

III

Le plus léger acte de charité, ne fût-il que de sauver la vie d'un insecte par pitié, aura des conséquences bénies pour son auteur.

IV

Laisse les choses vaines aux hommes vains.

V

Ne mets ton plaisir et ton délassement qu'à passer

d'une action utile aux hommes à une autre action utile aux hommes, en te souvenant de Dieu.

VI

Les choses que le sort t'a destinées, acccommode-toi à elles ; et les hommes avec qui tu dois vivre, aime-les, mais d'un amour véritable.

VII

Ne demande pas à être récompensé à cause de ton indulgence : c'est comme si les yeux demandaient une récompense parce qu'ils voient ou les pieds parce qu'ils marchent.

VIII

Garde ton cœur plus que toute autre chose qu'on garde, car c'est de lui que procèdent les sources de la vie.

IX

Garde ton esprit dans l'humilité ; ceux qui croient pouvoir tenir jusqu'au bout tombent les premiers.

X

Le disciple doit regagner l'état d'enfance qu'il a perdu, avant que le premier son puisse frapper son oreille.

XI

Sois patient, disciple, comme quelqu'un qui ne craint

pas l'échec, qui ne courtise pas le succès. Sois persévérant comme quelqu'un qui dure à jamais. Si tu veux moissonner la douce paix et le repos, ensemence avec les graines du mérite les champs des moissons futures. Recule-toi du soleil dans l'ombre pour faire plus de place aux autres.

XII

Courbé, pour être intact ; droit, pour être brisé. Détruit, pour être comblé. Caché, pour être neuf. Avec peu d'avantages on se conserve ; avec beaucoup d'avantages on se perd. L'homme parfait réunit tout en un seul assemblage ; il est le modèle de tous les hommes. Il ne se voit pas, toutefois il brille. Il ne s'agite pas, toutefois il agit. Il n'est pas empressé, toutefois il a des mérites. Il n'est pas excessif, toutefois il dure longtemps. Il n'est pas agité, c'est pourquoi les autres ne s'agitent pas contre lui.

XIII

Soyez pur, soyez simple, et tenez toujours un juste milieu.

XIV

Aime le pauvre métier que tu as appris et t'y tiens. Le reste de ta vie, passe le en homme qui a remis à la Providence le soin de ses affaires et ne se fait ni le tyran ni l'esclave d'aucun des hommes.

XV

Tout homme qui dit : « Je sais distinguer les mobiles des actions humaines » présume trop de sa science.

Entraîné par son orgueil, il tombe bientôt dans mille pièges, dans mille filets qu'il ne sait pas éviter.

XVI

Qui se dresse sur la pointe des pieds ne reste pas debout. Qui se raidit sur les genoux ne marche pas. Qui regarde ne voit pas toujours clair. Qui possède ne peut toujours jouir. Qui fait des reproches n'a pas toujours de mérites. Qui a du superflu ne peut toujours durer.

XVII

Ne sois pas curieux. Ne te charge pas de soins inutiles. Ne juge pas témérairement les actes ou les paroles d'autrui... Que t'importe que celui-ci soit tel ou tel ? Que t'importe que celui-là parle et agisse d'une façon ou d'une autre ? Tu n'es pas chargé de répondre de ce que fait autrui, mais tu auras à rendre compte de toi-même.

XVIII

Mieux vaut être un pauvre paysan qui observe la loi divine qu'un orgueilleux philosophe qui étudie la marche de l'Univers en négligeant le soin de lui-même.

XIX

Nous arriverions à goûter une paix profonde, si nous consentions à ne pas nous occuper des paroles et des actes d'autrui, qui ne nous regardent en rien.

XX

Si tu vois quelqu'un pécher ouvertement et commettre une faute grave, ce n'est pas une raison pour t'estimer

meilleur que lui, car tu ignores combien de temps tu per-
sévéreras dans le bien.

XXI

Il vaut mieux se tenir caché en travaillant à son
salut que de faire des miracles en se négligeant soi-
même.

XXII

Telles seront tes pensées habituelles, telle sera ton
âme.

XXIII

Reconnais les bienfaits par d'autres bienfaits, et ne te
venge jamais des injures reçues.

XXIV

Si, dans une année entière, nous déracinions seulement un seul de nos défauts, nous serions bientôt des
hommes parfaits.

XXV

Exercez-vous dans votre chambre comme les pères du
désert dans leur cellule.

XXVI

Considère si tu dis vrai et non si tu parles de manière
agréable à la multitude. La rhétorique est la peste des
esprits.

XXVII

Chercher à devenir mûr doit être l'effort de celui qui
aime la sagesse.

XXVIII

Il est plus aisé de se taire tout à fait que de ne point trop parler. Il est plus aisé de demeurer caché dans une retraite que de se bien garder lorsque l'on est au dehors. Aucun ne peut sûrement se produire s'il n'aime pas à demeurer caché. Aucun ne peut parler sûrement s'il a de la répugnance à se taire. Aucun ne peut être dans l'élévation avec sûreté s'il ne se soumet aux autres. Aucun ne peut sûrement commander s'il n'a bien appris à obéir.

XXIX

Rien ne survit que l'âme : fais-la donc héroïque.

XXX

Sème des actes aimables et tu cueilleras leurs fruits. L'omission d'un acte de pitié devient une commission de péché mortel.

XXXI

Sois semblable à un rocher contre lequel les vagues de la mer viennent sans cesse se briser. Le rocher demeure immobile, malgré les eaux qui bouillonnent autour de lui.

XXXII

A toute heure, songe fortement à faire ce que tu as en mains avec une stricte et simple gravité, avec cœur, avec liberté, avec justice, et à te délivrer toi-même de toutes les autres pensées.

XXXIII

Le plus subtil est plus puissant que le plus dense. Il faut être maitre de ses désirs pour être maitre de ses actes.

XXXIV

Tue le désir ; mais si tu le tues ,prends garde qu'il ne se relève d'entre les morts.

XXXV

Il vaut mieux veiller sur la place publique que de s'endormir dans le temple.

XXXVI

Même si tu as commis cent fois une faute, ne la commets pas une fois de plus.

XXXVII

Si tu subis un outrage immérité, ne t'en indigne pas, mais songe que la justice divine juge chacun suivant ses œuvres.

XXXVIII

N'use point ce qui te reste de ta vie en des pensées qui concernent les autres, à moins que tu ne les rapportes à quelque intérêt général. Sinon, en effet, tu manques à une autre tâche : en te mettant dans l'esprit ce que fait tel ou tel, ou pourquoi il le fait, ou ce qu'il dit, ou ce qu'il médite, ou ce qu'il entreprend, ou tout ce dont il s'occupe, tu te laisses distraire de la surveillance de ton âme à toi.

XXXIX

C'est un grand malheur que de ne pas avoir éprouvé de peines.

XL

Il faut avoir souffert pour savoir consoler.

XLI

L'homme intérieur, comme le fer que l'on forge, doit de temps en temps passer par le feu et être frappé à coups redoublés.

XLII

Sans le sacrifice, aucun effort n'est efficace.

XLIII

Chacun aura à rendre compte des paroles inutiles.

XLIV

Si quelqu'un ne faillit pas en paroles, celui-là est un homme parfait, capable de tenir tout le corps en bride.

XLV

Comme le songe vient de la multitude des occupations, ainsi la folie vient de la multitude des paroles.

XLVI

Celui qui garde sa bouche et sa langue garde son âme de la détresse.

XLVII

Dès que nous exprimons quelque chose, nous le diminuons étrangement. Nous croyons avoir plongé jusqu'aux abimes et quand nous remontons à la surface, la goutte d'eau qui scintille au bout de nos doigts pâles ne ressemble plus à la mer d'où elle sort.

XLVIII

Renferme-toi en toi-même. L'âme raisonnable a pour nature de se suffire à elle-même.

XLIX

Celui qui n'évite pas les petits défauts tombe dans les grands.

L

Accoutume-toi à être intérieurement attentif aux paroles des autres, et entre le plus possible dans l'âme de celui qui te parle.

LI

Que toute aigreur, toute animosité, toute colère, toute criaillerie, toute médisance et toute malice soient bannies de vous.

LII

S'il y a des personnes qui n'étudient pas, ou qui, si elles étudient, ne profitent pas, qu'elles ne se découragent point, ne s'arrêtent point. S'il y a des personnes qui n'interrogent pas les hommes instruits pour s'éclairer sur les choses douteuses ou qu'elles ignorent, ou si en les interrogeant elles ne peuvent devenir plus instruites, qu'elles ne se découragent point. S'il y a des personnes qui ne méditent pas ou qui, si elles méditent, ne parviennent pas à acquérir une notion claire du principe du bien, qu'elles ne se découragent point. S'il y a des personnes qui ne distinguent pas le bien du mal, ou qui, si elles le distinguent, n'en ont pas cependant une perception claire et nette, qu'elles ne se découragent point. S'il y a des personnes qui ne pratiquent pas le bien, ou qui, si elles le pratiquent, ne peuvent y employer toutes leurs forces, qu'elles ne se découragent point : ce que d'autres feraient en une fois, elles le feront en dix ; ce que d'autres feraient en cent, elles le feront en mille. Celui qui suivra véritablement cette règle de persévérance, quelque ignorant qu'il soit, deviendra nécessairement éclairé ; quelque faible qu'il soit, il deviendra nécessairement fort.

LIII

Celui qui livre son âme aux égarements des sens, voit bientôt son intelligence emportée, comme un navire par le vent sur les eaux.

LIV

Efforce-toi de fuir et de vaincre surtout les défauts qui te déplaisent le plus chez autrui.

LV

Qui se connaît fort et agit clément est le premier de tous les hommes. Qui se connaît éclatant et se garde obscur est le modèle de tous les hommes. Qui se sait savant et garde ses lèvres fermées est le premier de tous les hommes.

LVI

Mieux vaut taire une vérité que de la donner sans douceur et de mauvaise grâce.

LVII

Affectionnez-vous aux choses d'en-haut et non aux choses de la terre.

LVIII

Si celui qui te hait a faim, donne-lui du pain à manger, et s'il a soif, donne lui de l'eau à boire.

LIX

Ne maudissez jamais des deux mains, afin qu'il vous en reste toujours une pour pardonner et pour bénir.

LX

Sois patient pour supporter les défauts et les faiblesses d'autrui : tu en as, toi-même, beaucoup qu'il faut qu'autrui supporte. Si tu ne peux arriver à te rendre toi-même tel que tu voudrais être, comment pourras-tu modifier les autres suivant ton bon plaisir ? Nous désirons volontiers la perfection chez autrui et nous ne cherchons cependant pas à déraciner nos défauts. Nous voulons voir les autres corrigés parfaitement, mais nous ne nous corrigeons pas nous-mêmes. La trop grande liberté d'autrui nous déplait, mais nous n'aimons pas qu'on nous refuse l'objet de notre désir. Nous souhaitons voir les agissements d'autrui réglés par des lois ; mais, nous-mêmes, ne supportons aucune contrainte. Ce qui prouve clairement que nous n'aimons pas le prochain comme nous-mêmes.

LXI

Il faut semer la douceur par l'exemple, car la méchanceté s'exaspère par la méchanceté.

LXII

Si, dès le commencement, nous nous faisions à nous-mêmes légèrement violence, nous pourrions triompher, par la suite, de toutes les difficultés facilement et joyeusement.

LXIII

Ne cherche pas à devenir quelque chose, mais quelqu'un.

LXIV

Le respect aux dieux, aux brahmanes, au précepteur, aux hommes instruits, la pureté, la droiture, la chasteté, la mansuétude, sont appelés austérités du corps. Un langage modéré, véridique, plein de douceur, l'usage des lectures pieuses sont l'austérité de la parole. La paix du cœur, le calme, le silence, l'empire de soi-même, la purification de son être, telle est l'austérité du cœur.

LXV

Le devoir de celui qui a reçu est de transmettre à son tour.

LXVI

Si tu ne peux être le soleil, sois l'humble planète. Indique la Voie, même indistinctement et perdu dans la foule, comme fait l'étoile du soir à ceux qui suivent leur chemin dans la nuit. Eclaire et réconforte le pélerin en peine et cherche celui qui en sait encore moins que toi.

LXVII

Il n'y a point d'homme si stupide ni de femme si ignorante qui ne soit capable de mettre en pratique les moyens que la Providence nous a donnés pour atteindre notre perfection.

LXVIII

Ne vis ni dans le passé, ni dans le présent, ni dans le futur, mais dans l'*éternel*.

LXIX

Si tu te sens endolori et blessé dans ton cœur ou que tu ne sois plus le maitre de tes nerfs, évite de rencontrer les hommes tant que tu seras dans cet état. Adresse tes plaintes à Dieu et non pas à eux, et n'affronte leur présence que quand tu auras repris une certaine possession de toi-même.

LXX

Travaille à imiter les sages et ne te rebute jamais quelque ardue que soit la tâche ; le plaisir que tu goûteras si tu parviens à tes fins te dédommagera de toutes tes peines.

LXXI

Combats nuit et jour tes défauts. Si par tes soins et ta vigilance tu remportes sur toi la victoire, attaque hardiment les défauts des autres. Mais ne les attaque point avant cela.

LXXII

Ce que nous prenons chez nous pour le zèle de la vertu n'est souvent qu'un secret amour-propre dominateur, une

jalousie dissimulée et un instinct orgueilleux de contra-
diction.

LXXIII

La plupart des hommes s'efforcent d'acquérir la science
au lieu de s'efforcer à mener une vie droite ; aussi s'éga-
rent-ils souvent et ne retirent-ils de leurs travaux qu'un
maigre résultat ou même un résultat nul. S'ils mettaient
autant de soin à extirper leurs défauts et à acquérir des
vertus qu'ils en mettent à soulever des problèmes, on ne
verrait pas dans le monde tant de maux et de scandales.

LXXIV

Il faut d'abord connaitre le but auquel on doit tendre,
ou sa destination définitive, et prendre ensuite une détermination. La détermination étant prise, on peut ensuite
avoir l'esprit tranquille et calme. L'esprit étant tranquille
et calme, on peut ensuite jouir de ce repos inaltérable
que rien ne peut troubler ; on peut ensuite méditer et se
former un jugement sur l'essence des choses. Ayant
médité et s'étant formé un jugement sur l'essence des
choses, on peut ensuite arriver à l'état de perfectionnement désiré.

LXXV

Il vaut mieux suivre sa propre loi, même imparfaite,
que la loi d'autrui, même meilleure ; il vaut mieux mourir
en pratiquant sa loi : la loi d'autrui a des dangers.

LXXVI

Il ne suffit pas de posséder une vérité, il faut que la
vérité nous possède.

LXXVII

Ne jugez pas ; ne parlez guère ; aimez et agissez.

LXXVIII

L'homme supérieur est celui qui d'abord met ses paroles en pratique et ensuite parle conformément à ses actions.

LXXIX

Exerce premièrement ton zèle sur toi-même. Tu pourras ensuite l'exercer sur ton prochain.

LXXX

Etablis d'abord la paix en toi-même, et tu pourras ensuite la procurer à autrui. L'homme de paix est plus utile que l'homme savant.

L'homme passionné convertit en mal le bien lui-même et croit volontiers au mal. L'homme de paix et de bonté ramène tout au bien.

Ce sont ceux qui portent la paix en eux qui peuvent vivre en paix avec les autres. L'homme de paix ne soupçonne personne. Le passionné, incapable de contrôler son cœur, est assailli de mille soupçons ; il ne peut ni goûter le repos, ni le laisser goûter à autrui ; il dit ce qu'il devait taire, fait ce qu'il ne devait pas faire, oublie le devoir qui lui incombe ; il s'inquiète des obligations du prochain, et les siennes, il les néglige.

LXXXI

Le sage qui suit la Voie agit et ne s'agite point.

LXXXII

Celui qui connaît l'utilité de la souffrance, celui-là a la paix profonde. Celui-là est le vainqueur de soi-même, le maître du monde, l'ami du Christ et l'héritier du Ciel.

LXXXIII

Rejette l'opinion et tu seras sauvé.

LXXXIV

Pour s'approcher de Dieu il faut marcher, et les actions saintes sont les mouvements de notre âme.

LXXXV

Beaucoup réfléchir sur un *petit* nombre de livres *tout à fait* bons : voilà ce qui fait avancer dans la vie intérieure.

LXXXVI

La conscience se révèle et se développe par le recueillement : il faut savoir faire le silence dans son âme pour se développer intellectuellement. La vie morale ne consiste pas à multiplier les impressions, mais à les approfondir.

LXXXVII

Si tu lis pendant quelques minutes, médite pendant quelques heures.

LXXXVIII

Il ne faut jamais regarder en arrière.

Troisième Partie

I

Tous les êtres créés, quels qu'ils soient, faibles ou forts, petits ou grands, visibles ou non visibles, ont le droit d'aspirer au bonheur.

II

Aucun homme ne peut en purifier un autre.

III

Il y a beaucoup de choses à faire et peu de choses à savoir.

IV

La lampe brûle brillamment quand la mèche et l'huile sont propres. Mais pour les rendre propres, il faut que quelqu'un les nettoie.

V

Quand un acte de vertu nous coûte, c'est signe que nous ne possédons pas encore cette vertu ; ce n'est que lorsqu'elle sera devenue partie intégrante de nous-même que son exercice sera sans effort et spontané.

VI

La vigilance est le chemin qui mène à l'affranchissement de la mort ; la négligence, celui qui mène à la mort.

VII

Ce qui fait cesser ici-bas les haines, ce n'est aucunement les haines, mais l'absence de haine.

VIII

Celui qui persécute un homme de bien fait la guerre au Ciel.

IX

Ce n'est point parmi les choses terrestres qu'il faut chercher la véritable paix, mais parmi les choses célestes ; ce n'est point parmi les hommes et les êtres créés, mais en Dieu seul.

X

Si vous avez vécu dans la beauté obscure, ne vous inquiétez pas.

XI

Les deux plus belles choses de l'Univers sont : le ciel étoilé sur nos têtes et le sentiment du devoir dans nos cœurs.

XII

Celui qui est tout rempli de la vérité et de la splendeur célestes ne recherche pas les vanités de la gloire.

XIII

Les objets se retirent devant l'homme abstinent ; les

affections de l'âme se retirent en présence de celui qui les a quittées.

XIV

Vouloir le bien avec violence, c'est vouloir le mal ; car la violence produit le désordre, et le désordre le mal.

XV

Ce n'est ni par les pleurs ni par les regrets que se gagne la paix du cœur.

XVI

Le plus mortel péché, ce serait l'orgueilleuse conscience d'être sans péché. Voilà la mort. Le cœur qui a conscience d'être ainsi est divorcé d'avec la sincérité, l'humilité et le fait ; est mort. Il est « pur » comme le sable sec et mort est pur.

XVII

Le cœur du sage rend sa bouche sensée et sur ses lèvres accroît la science.

XVIII

Lorsque l'homme éprouve un sentiment de bien-être physique en présence du bon et du vrai, tandis que le mal, le faux et l'impur, même sous leur forme la plus séduisante, provoquent en lui une dépression et un malaise physique également, c'est alors seulement qu'il est parvenu à la conformation normale de tout son être. Jusque-là, fût-il même nourri des meilleurs principes, le mal n'a pas perdu toute influence sur lui.

XIX

· La perfection morale suppose la haute lumière de l'intelligence ; la haute lumière de l'intelligence suppose la perfection morale.

XX

Si tu médites constamment sur une question insoluble pour ton esprit, la solution te sera donnée.

XXI

La tristesse vaut mieux que le rire, parce que par la tristesse du visage le cœur devient joyeux.

XXII

Ne cherche pas la paix dans les paroles des hommes. Qu'ils disent de toi du bien ou du mal, es-tu pour cela un autre homme ?

XXIII

Plus et mieux tu sauras, plus tu seras jugé sévèrement, si tu n'as pas pour cela mené une vie plus pure.

XXIV

Qui parle peu agit comme il veut. Il appelle le vent, et ne dit pas de quel côté. Il appelle la pluie, et ne dit pas pour quel jour.

XXV

Rechercher les principes des choses qui sont dérobées à l'intelligence humaine ; faire des actions extraordinaires qui paraissent en dehors de la nature de l'homme ; en

un mot opérer des prodiges pour se procurer des admira-
teurs et des sectateurs dans les siècles à venir : voilà
ce que je ne voudrais pas faire.

XXVI

Si la haine répond à la haine, comment la haine finira-
t-elle ?

XXVII

Tant qu'une opinion est implantée sur les sentiments,
c'est en vain qu'on lui oppose les arguments les plus
décisifs ; elle en tire de la force au lieu d'être affaiblie.

XXVIII

Tout homme qui croit et veut croire à un Dieu injuste
et féroce, peut, à un moment donné, devenir un fou
furieux.

XXIX

Deux ailes sont données à l'homme pour s'élever au-
dessus des choses de la terre : la simplicité et la pureté.

XXX

La gloire des justes est dans leur conscience, et non
dans la bouche des hommes. Si tu es loué, cela ne te
rendra pas plus parfait ; si tu es dénigré, cela ne te rendra pas plus vil. Tu es ce que tu es.

XXXI

Si quelqu'un dit : « j'aime Dieu », et qu'il haïsse son
frère, il est menteur.

XXXII

Plus les âmes s'aiment, plus leur langage est court.

XXXIII

Il faut s'aimer beaucoup pour pouvoir se taire.

XXXIV

Apprends à aimer et à faire du bien, voilà la vraie science de la vie.

XXXV

Heureux, même dans les angoisses, celui à qui Dieu a donné une âme digne de l'amour et du malheur. Qui n'a pas vu les choses du monde et le cœur des hommes à cette double lumière n'a rien vu de vrai et ne sait rien.

XXXVI

Nous sommes ouvriers avec Dieu.

XXXVII

Quand ta raison aura franchi les régions obscures de l'erreur, alors tu parviendras au dédain des controverses passées et futures.

XXXVIII

Sans sortir de sa maison, le sage connait tous les hommes ; il sait qu'ils ne sont pas heureux. Il connait la Voie du Ciel ; quoique éloigné, il connait les plus petites choses. Ainsi le sage ne marche pas, mais aboutit ; ne voit pas les choses, mais sait leur nom ; ne travaille pas, mais produit.

XXXIX

La pensée est difficile à contenir, légère, courant où il lui plait. La dompter est chose salutaire : domptée elle procure le bonheur. La pensée est difficile à découvrir, très adroite, courant où il lui plait. Que le sage la surveille ; surveillée elle procure le bonheur. Quelque mal réciproque qu'on puisse se faire entre gens qui se haïssent, entre ennemis, une pensée mal dirigée en ferait plus encore. Quelque bien que puissent se faire soit un père, soit une mère, soit d'autres parents, une pensée bien dirigée en ferait plus encore.

XL

Il n'est pas bon d'être trop libre. Il n'est pas bon d'avoir toutes les nécessités.

XLI

Celui-là n'a pas atteint la patience véritable qui ne consent à souffrir qu'autant qu'il lui plait et de qui il lui plait.

XLII

Dieu juge nos actes, non nos doctrines.

XLIII

Dieu juge les actes plutôt d'après la manière dont ils sont accomplis que d'après leur nombre :
C'est beaucoup agir qu'agir avec diligence ;
C'est beaucoup agir qu'agir avec soin ;

C'est beaucoup agir que de servir autrui plutôt que de suivre sa volonté propre.

XLIV

Tendez à la perfection et le Dieu d'amour et de paix sera avec vous.

XLV

Même dans la vie la plus vulgaire, la part de ce qu'on fait pour Dieu est énorme. L'homme le plus bas aime mieux être juste qu'injuste. Tous, nous adorons, nous prions bien des fois par jour sans le savoir.

XLVI

N'aimez point le Monde ni les choses qui sont dans le Monde. Si quelqu'un aime le Monde, l'amour du Père n'est pas en lui. Car tout ce qui est dans le Monde : convoitise de la chair, convoitise des yeux, orgueil de la vie, ne vient pas du Père, mais vient du Monde. Le Monde et sa convoitise passent, mais celui qui suit la volonté du Père demeure éternellement.

XLVII

Aimer son prochain, ce n'est pas seulement se donner tout à lui, servir, aider et secourir les autres. Il est possible que vous ne soyez ni bon, ni grand, ni noble au milieu des plus grands sacrifices. Aimer son prochain, c'est aimer ce qu'il y a d'éternel dans les autres, car le prochain par excellence c'est ce qui se rapproche le plus de Dieu, c'est-à-dire de ce qu'il y a de pur et de bon dans les hommes.

XLVIII

L'amour est le lien des âmes, et lorsqu'il est pur, ce lien est indestructible.

XLIX

L'amour ne saurait devenir égoïste sans se donner la mort à lui-même, et il ne trouve la plénitude de la vie qu'en se donnant tout entier aux autres.

L

L'amour est une puissance immense. L'amour est le premier de tous les biens. Il n'est rien de plus doux que l'amour, rien de plus élevé, rien de plus étendu, rien de plus agréable, rien de plus réel, rien de meilleur dans le Ciel et sur la Terre. L'amour est né de Dieu, et ce n'est que dans la divine perfection, au-dessus de toute création, qu'il peut se reposer pleinement. L'amour vole, court et est toujours joyeux. Il donne tout à tous et il possède tout partout, parce qu'il possède le bien suprême d'où découlent tous les biens particuliers. L'amour ne connait pas de mesure, mais il s'enflamme au-delà de toute mesure. L'amour ne sent pas les fardeaux, n'évite pas les travaux. Il entreprend plus qu'il ne peut, il ne s'inquiète pas de l'impossible, parce qu'il sait qu'il peut tout et que tout lui est permis. L'amour veille tout en dormant. Fatigué, il ne se lasse pas ; emprisonné, il est libre ; menacé, il ne s'effraie pas. Toujours il s'élance comme une flamme vive ou une torche ardente, et il marche sans nulle crainte.

LI

Quand je parlerais les langues des hommes et des

anges, si je n'ai pas la charité, je ne suis qu'un airain qui résonne ou une cymbale qui retentit. Et quand j'aurais le don de prophétie, la science de tous les mystères et toute la connaissance, quand j'aurais même toute la foi jusqu'à transporter des montagnes, si je n'ai pas la charité, je ne suis rien. Et quand je distribuerais tous mes biens pour la nourriture des pauvres, quand je livrerais même mon corps pour être brûlé, si je n'ai pas la charité, cela ne me sert de rien.

La charité est patiente ; elle est pleine de bonté ; la charité n'est point envieuse ; la charité ne se vante point ; elle ne s'enfle point d'orgueil ; elle ne fait rien de malhonnête ; elle ne cherche point son intérêt ; elle ne s'irrite point ; elle ne soupçonne point le mal ; elle ne se réjouit point de l'injustice, mais elle se réjouit de la vérité ; elle excuse tout ; elle croit tout ; elle espère tout ; elle supporte tout.

LII

Alors même que nous croyons avoir fait tout le possible, il reste encore une suprême tentative à essayer.

TROISIÈME CYCLE

Première Partie

I

Le mystère est en nous, et il s'appelle la conscience ;
le mystère est autour de nous, et il s'appelle la Nature
ou l'ambiance ; le mystère est dans nos semblables, et il
s'appelle attraction ou répulsion, domination ou obéissance ; enfin le mystère est au-dessus de nous et il
s'appelle théodicée, pneumatologie, théurgie.

II

Celui-là contemple la vie comme une merveille. Celui-
ci en parle comme d'une merveille. Un autre en écoute
parler comme d'une merveille. Et quand on a bien entendu, nul encore ne la connaît.

III

En face du mystère, l'humanité ressemble au public
d'un théâtre ; les intellectuels, les privilégiés voient des
nuances, des détails que les places inférieures ne per-
çoivent pas, mais peut-on dire que ce soient les privilégiés qui jouissent le plus souvent du spectacle et qui en
tirent le plus grand profit moral ?

Comprendre une douzaine de lois matérielles de plus
ou de moins, savoir comment se fait un miracle, pouvoir

le faire, cela ne constitue pas une grande différenciation. La disproportion demeure fatale entre le pouvoir et le vouloir : quel serait, l'avantage d'un homme qui, au lieu de percevoir huit kilomètres d'horizon, en percevrait le double ? Il serait extraordinaire, unique ; il n'en serait pas moins sujet aux ophtalmies.

Préparer l'autre vie par celle-ci et devancer par l'effort l'évolution du devenir, voilà la vraie voie.

IV

L'étrangeté des phénomènes ne prouve que notre ignorance devant les lois de la nature. Quand Dieu veut se faire connaitre à nous, il éclaire notre raison et ne cherche pas à la confondre ou à l'étonner.

V

Dieu et la Nature n'ont point de mystères pour leurs enfants. Le mystère est seulement dans la faiblesse de notre être qui n'est pas capable de supporter la lumière. Cette faiblesse est la nuée qui couvre le sanctuaire.

VI

Tout ce que nous voyons du monde n'est qu'un trait imperceptible dans l'ample sein de la nature.

VII

Il faut se représenter continuellement le monde comme un être unique ayant une substance unique et une âme unique ; comment tout se rapporte à une sensation unique, la sienne ; comment tout agit par son unique im-

pulsion ; comment tout coopère à causer ce qui arrive ;
et quel est l'enchaînement et la connexion des choses.

VIII

Chaque nature créée en suppose une autre qui lui est
surnaturelle. La plante l'emporte sur la pierre, l'animal
sur la plante, l'homme sur l'animal, l'ange ou le pur
esprit sur l'homme, Dieu sur l'ange.

IX

Tout est vivant dans la nature.

X

La vie divine circule dans tous les êtres et toutes les
choses et anime nos plus humbles actions quotidiennes.

XI

Souviens-toi de l'Etre total dont tu participes pour une
minime partie, et de la Durée totale, dont un court, un
infime moment t'est assigné, et de la Destinée, dont tu es
quelle faible part !

XII

Tous nous coopérons à une œuvre unique, les uns
avec connaissance et pleine intelligence, les autres sans
le savoir : ceux mêmes qui dorment travaillent et coopè-
rent à ce qui se passe dans le monde ; celui-là même y
coopère qui s'efforce de remonter le courant et de sup-
primer ce qui est : car le monde avait besoin d'un homme
de ce genre. Celui qui régit le Tout se servira, en tous

cas, de toi comme il faut, et il te placera en une certaine place parmi ses coopérateurs et collaborateurs.

XIII

Toutes choses sont liées entre elles, et leur enchaînement est saint, et presque aucune n'est étrangère à l'autre. Car il y a un seul Monde formé de tout, un seul Dieu répandu partout, une seule Substance, une seule Loi, un seul Esprit commun à tous les êtres intelligents, une seule Vérité.

XIV

Tout ce qui arrive à chacun est utile au Tout.

XV

Le progrès est le mouvement universel des êtres qui, incessamment épanchés de Dieu, remontent sans cesse à Dieu sans jamais pouvoir l'atteindre. C'est un perpétuel avènement d'une vie inférieure à une vie supérieure, le lien du fini avec l'infini.

XVI

Tout ce qui est élevé n'est pas saint ; tout ce qui est désirable n'est pas pur ; tout ce qui est doux n'est pas bienfaisant ; tout ce qui nous est cher n'est pas agréable à Dieu.

XVII

L'homme regarde à ce qui frappe les yeux, mais l'Eternel regarde au cœur.

XVIII

Tout ce qui est, tout ce qui arrive ne vient pas seulement de quelque part, mais va aussi quelque part.

XIX

La science de l'homme ne fait pas la Vérité. La Vérité est éternelle ; la science marche dans le temps, et à mesure qu'elle avance, elle constate de plus en plus la Vérité. Ce qu'elle n'a pas encore vu existe déjà, et bien souvent la conjecture a devancé la science et annoncé de grandes vérités aux hommes.

XX

Nous appelons Destin tout ce qui nous limite. Si nous sommes brutaux et barbares, la fatalité prend une forme brutale et barbare. Quand nous nous raffinons, nos échecs se raffinent aussi. Si nous nous élevons à la culture spirituelle, l'antagonisme prend une forme spirituelle.

XXI

Celui qui sait vouloir est conduit ; celui qui ne sait pas vouloir est traîné.

XXII

Aucune contrariété ne survient que nous ne l'ayons appelée, il y a peut-être une heure, peut-être un siècle. Elle est l'obstacle légitime à l'épanouissement d'une des fleurs de notre égoïsme.

XXIII

Le hasard n'existe pas. Tout événement a une raison d'être et obéit à une cause cachée.

XXIV

Nous ne sommes enchaînés que parce que nous sommes trop égoïstes pour faire bon usage de notre liberté.

XXV

Le mal absolu n'est pas. Le mal est un accident du bien.

XXVI

La matière est de l'esprit éteint ; elle ne vit donc que par l'esprit, pour l'esprit. L'esprit est la vérité de la matière. Dieu est la vérité de l'esprit ; il est l'esprit en soi, l'Esprit absolu.

XXVII

La matière est vraie pour la matière et ne le sera jamais pour l'esprit. Les choses corporelles et sensibles n'étant rien pour l'Etre intellectuel de l'homme, on voit comment doit s'apprécier ce que l'on appelle la mort, et quelle impression elle peut produire sur l'homme sensé, qui ne s'est point identifié avec les illusions de ces substances corruptibles. Car le corps de l'homme, quoique vrai pour les autres corps, n'a, comme eux, aucune réalité pour l'intelligence, et à peine doit-elle s'apercevoir qu'elle s'en sépare : en effet, lorsqu'elle le quitte, elle ne quitte, qu'une apparence, ou pour mieux dire elle ne quitte rien.

XXVIII

Les corps qui finissent procèdent d'une âme éternelle, indestructible et immuable. Celui qui croit qu'elle tue ou qu'on la tue se trompe ; elle ne tue pas, elle n'est pas tuée. Elle ne naît, elle ne meurt jamais. Sans naissance, sans fin, éternelle, antique, elle n'est pas tuée quand on tue le corps. Comme l'on quitte des vêtements usés pour en prendre de nouveaux, ainsi l'âme quitte les corps usés pour revêtir de nouveaux corps. Ni les flèches ne la percent, ni la flamme ne la brûle, ni les eaux ne l'humectent, ni le vent ne la dessèche. Inaccessible aux coups et aux brûlures, à l'humidité et à la sécheresse, éternelle, répandue en tous lieux, immobile, inébranlable, invisible, ineffable, immuable, voilà ses attributs.

XXIX

De même qu'il faudrait que notre corps éclatât, s'il était soustrait à la pression de l'atmosphère, de même si le poids de la misère, de la peine, des revers et des vains efforts était enlevé à la vie de l'homme, l'excès de son arrogance serait si démesuré, qu'elle le briserait en éclats, ou tout au moins le pousserait à l'insanité la plus désordonnée et jusqu'à la folie furieuse. En tous temps il faut à chacun une certaine quantité de soucis, de douleurs ou de misère, comme il faut du lest au navire pour tenir d'aplomb et marcher droit.

XXX

Ce qui est né doit sûrement mourir et ce qui est mort doit renaître.

XXXI

Ce qui vient de la Terre retourne à la Terre, et ce qui

doit la vie au Ciel reprend son vol vers les hauteurs célestes.

XXXII

Nos forces physiques, notre habileté manuelle, notre ingéniosité, nos facultés mentales ne nous appartiennent pas ; ce sont des instruments de travail que nous prête la Nature. Nous avons à les lui rendre à la mort, non pas détériorés, non seulement dans l'état où nous les avons reçus, mais perfectionnés et capables de répondre mieux aux besoins de nos remplaçants à qui ils vont être confiés.

XXXIII

La naissance n'est pas un commencement. C'est une suite.

XXXIV

Comme l'action et la réaction se rapportent réciproquement dans la Nature, ainsi se rapportent la révélation et la foi. Là où il n'y a point de réaction, l'action cesse nécessairement. Là où il n'y a pas de foi, aucune révélation ne peut avoir lieu. Mais plus il y a de foi, plus il y a de révélation ou de développement des vérités qui sont dans l'obscurité et qui ne peuvent être développées que par notre confiance.

XXXV

Aucune génération d'un être quelconque ne va sans la corruption d'un autre. L'avènement d'une forme plus parfaite n'a lieu que par la corruption de la forme précédente ; de telle sorte cependant que toujours la forme qui suit renferme tout ce que possèdait la forme précédente, plus un degré supérieur de perfection.

XXXVI

Aide la Nature et travaille avec elle : la Nature te regardera comme un de ses enfants et te fera sa soumission.

XXXVII

Le silence est nécessaire au sage ; ses actions doivent être son langage. Le Ciel parle, mais de quel langage se sert-il pour enseigner aux hommes qu'il existe un souverain principe dont tout dépend, qui les fait vivre et agir ? Le mouvement de la vie est son langage : il ramène les saisons en leur temps, il féconde la Nature et la fait produire. Quelle grandeur en ce silence !

XXXVIII

La Perfection, le Vrai dégagé de tout mélange est la loi du Ciel ; le perfectionnement, qui consiste à employer tous ses efforts pour découvrir la loi céleste, est la loi de l'homme.

XXXIX

Le bien est, pour chaque Être, l'accomplissement de sa propre loi, et le mal, ce qui s'y oppose.

XL

Les œuvres de la chair sont l'adultère, la fornication, l'impureté, la dissolution, l'idolâtrie, l'empoisonnement, les inimitiés, les querelles, les jalousies, les animosités, les disputes, les divisions, les sectes, les envies, les meurtres, l'ivrognerie, les débauches et autres choses semblables. Les fruits de l'Esprit sont la charité, la joie, la paix, la patience, la douceur, la bonté, la fidélité, la bénignité, la tempérance.

XLI

La lumière spirituelle tient à la conformité de notre âme avec les lois divines. Les hommes ne peuvent jamais perdre cette lumière, mais ils peuvent l'obscurcir de tant de nuages qu'elle semble entièrement éteinte.

XLII

Chacun a le même mérite que les objets de son zèle.

XLIII

La vertu n'a pas de modèle déterminé et invariable, mais celui qui fait le bien peut servir de modèle. Les bonnes actions ne sont pas déterminées d'une manière spéciale, mais tout ce qui se fait de bien se réduit à un seul principe.

XLIV

Le beau est la splendeur du vrai.

XLV

La foi est la source de toute force.

XLVI

L'art a le même objet que la religion : faire sentir Dieu aux hommes.

XLVII

Tout ce qui est né de Dieu est victorieux du monde.

XLVIII

Ceux qui ont porté leurs chaînes et aidé les autres à porter les leurs seront admis à la liberté totale.

XLIX

Cherchons autour de nous s'il y a quelqu'un à qui tout le monde prodigue les calomnies : il y aura de bien grandes chances alors pour que ce soit un envoyé de Dieu.

DEUXIÈME PARTIE

I

Il n'y a qu'un maître. Ce maître est en nous. Il faut l'écouter pour l'entendre, et faire silence pour l'écouter.

II

Dans le cœur de tous les vivants réside un maître qui les fait mouvoir par sa magie comme par un mécanisme caché.

III

Nous attendons, dans l'existence, comme les aveugles de la légende qui avaient fait un long voyage pour venir écouter leur Dieu. Ils s'étaient assis sur les marches, et quand quelqu'un leur demandait ce qu'ils faisaient sur le parvis du sanctuaire : « Nous attendons, disaient-ils en secouant la tête, et Dieu n'a pas dit encore un seul mot. » Mais ils n'avaient pas vu que les portes d'airain du temple était fermées et ils ne savaient pas que la voix de leur Dieu remplissait l'édifice. Notre Dieu ne cesse pas un instant de parler et personne ne songe à entr'ouvrir les portes. Et cependant, si l'on voulait y prendre garde, il ne serait pas difficile d'écouter, à propos de tout acte, le mot que Dieu doit dire.

IV

Ce n'est pas sur un parchemin ou sur une table de pierre que Dieu a écrit son nom et sa loi : le livre sacré par excellence est l'âme vivante de l'homme.

V

Il y a dans l'homme deux parties : le cœur spirituel où brille la lumière divine, et le reste où brillent des lumières naturelles.

VI

L'esprit de l'homme est une lampe divine. Elle sonde jusqu'aux choses les plus profondes.

VII

Ne crois pas devoir à toi-même les résultats que tu obtiens. Dans nos efforts vers le mieux, c'est du Ciel que viennent la force, la réussite et les fruits. Quelque grande que soit notre énergie personnelle, nous ne fournissons rien d'autre que notre adhésion au secours divin.

VIII

Ce qui distingue les hommes les uns des autres, ce sont les rapports qu'ils ont avec l'Infini.

IX

Il n'est rien sur la terre qui ne montre ou la misère de l'homme ou la miséricorde de Dieu, ou l'impuissance de l'homme sans Dieu, ou la puissance de l'homme avec Dieu.

X

Il y a de la lumière dans tout ce qui arrive, et les plus grands des hommes, n'ont été grands que parce qu'ils avaient l'habitude d'ouvrir les yeux à toutes les lumières.

XI

Votre corps est le temple de l'Esprit qui vous a été donné par Dieu, et il ne vous appartient pas à vous-même.

XII

Une chose belle ne meurt pas sans avoir purifié quelque chose. Il n'y a pas de beauté qui se perde.

XIII

L'âme est une chose qui peut ne pas monter, mais qui ne peut jamais descendre.

XIV

Nous vivons tous dans le sublime. Ce qui nous manque, ce ne sont pas les occasions de vivre dans le ciel, c'est l'attention et le recueillement. Tout ce qui nous arrive est divinement grand et nous sommes toujours au centre d'un grand monde. Mais il faudrait s'habituer à vivre comme un ange qui vient de naitre, comme une femme qui aime, ou comme une homme qui va mourir. ,

XV

Il n'est point de pensée ayant habité honnêtement comme vraie dans le cœur de l'homme qui n'ait été une honnête intuition de la vérité de Dieu de la part de l'homme, et qui n'ait en elle une vérité essentielle, durant à travers tous les changements.

XVI

Toute consolation humaine est vaine et de peu de durée. La seule consolation véritable et efficace est celle que la Vérité même nous donne, au-dedans de notre cœur.

XVII

Il faut laisser les petites choses à ceux qui ne sentent pas que la vie est profonde. Tout ce qui ne va pas au-delà de la sagesse expérimentale et quotidienne ne nous appartient pas et n'est pas digne de notre âme.

XVIII

Celui qui est de Dieu écoute les paroles de Dieu.

XIX

Nous sommes laids quand nous nous éloignons des dieux qui sont en nous, et nous devenons beaux à mesure que nous les découvrons. Nous ne trouverons le divin dans les autres qu'en leur montrant d'abord le divin dans nous-même.

XX

Le Seigneur n'accable point les enfants des hommes.

XXI

Dieu va doucement avec nous parce que notre nature
est faible.

XXII

Avant toute chose veille à ce que ton nom soit écrit
dans le Ciel.

XXIII

Approchez-vous de Dieu et il s'approchera de vous.

XXIV

L'âme est le devenir individuel, comme Dieu est le
devenir universel.

XXV

Nulle retraite n'est plus tranquille et moins troublée
pour l'homme que celle qu'il trouve en son âme, surtout
s'il y porte ces vérités qu'il lui suffit d'approfondir pour
obtenir à l'instant une absolue quiétude.

XXVI

Quiconque passe sa vie dans l'ignorance de Dieu et de
soi-même abdique sa nature morale et manque à sa
destinée.

XXVII

Il n'y a pas de jours petits. Il faut que cette idée
descende dans notre vie et qu'elle s'y transforme en
substance. Petites joies, petits sourires et grandes larmes,
tout cela occupe le même point dans l'espace et le

temps. Les sourires aussi bien que les larmes entr'ou-
vrent les portes de l'autre monde.

XXVIII

L'âme, principe de vie, est d'origine céleste ; son essence est de vivre d'une vie toute spirituelle. Elle est
tombée dans le corps à la suite d'une chute mystérieuse.
Sa destinée en ce monde est de s'affranchir des organes,
et, à travers une série de voyages et d'épreuves corporelles, elle tend à reconquérir sa vie primitive en Dieu.

XXIX

La vie intérieure peut être comparée à une ascension.
Ne nous hasardons pas à gravir les cimes sans guides
ou avec de mauvais guides, ou encore liés par la même
corde à des compagnons de route inexpérimentés.

XXX

Il y a trois degrés différents dans l'ouverture de notre
sens spirituel ou *sensorium*. Le premier degré ne va que
jusqu'au bien moral, et le monde transcendental agit en
nous par des mouvements intérieurs qu'on appelle inspi-
rations. Le second degré, qui est plus élevé, ouvre notre
sensorium pour recevoir le spirituel et l'intellectuel, et le
monde métaphysique agit en nous par des illuminations
intérieures. Le troisième degré, qui est le plus élevé et
aussi le plus rare, ouvre tout l'intérieur. Il ouvre la
croûte qui ferme notre œil et notre oreille spirituels et
nous donne une vision entière dans le règne des esprits,
et l'objectivité des objets métaphysiques et transcenden-

taux, ce qui explique tout naturellement toutes les visions.

XXXI

Ce n'est pas celui qui commence seulement, mais celui qui persévère jusqu'à la fin qui sera couronné.

XXXII

Le développement *intérieur* de l'homme suit la même marche progressive et naturelle par degrés que nous remarquons aussi dans sa croissance physique : les progrès ne sont pas évidents ni particulièrement rapides, si ce n'est chez quelques rares individus doués d'une manière exceptionnelle.

XXXIII

Si nous ne possédons pas une *expérience* intime et personnelle de l'existence de Dieu, nous sommes au fond du cœur des athées, malgré nos pratiques ou nos croyances.

XXXIV

Nos rapports avec Dieu doivent avant toute chose avoir le caractère d'une absolue sincérité. Ils s'accommoderaient mieux des plus grandes fluctuations, ou d'infidélités accentuées suivies de repentir, que d'une froide indifférence ou d'un formalisme quelconque accompli par devoir seulement.

XXXV

Quiconque travaille au bien se donne Dieu pour guide

et arrive au but sans s'inquiéter des récompenses futures.

XXXVI

Tout est pur aux purs.

XXXVII

La méditation profonde habitue l'âme à vivre en dehors de son enveloppe corporelle : elle la prépare à la vie future.

XXXVIII

La foi est une force divine qui crée là où il n'y a rien et qui trouve là où il n'y a rien de créé.

XXXIX

La foi commence quand tous les moyens naturels sont épuisés.

XL

La prière est la faim de l'âme.

XLI

Tout prie : la pierre qui mûrit dans les ténèbres de la mine, la plante qui cherche le soleil, l'animal qui en salue le lever et le coucher. Tout acte est une demande. Le résultat s'obtient non par notre volonté, mais parce que nous désirons et espérons le succès.

XLII

Prier, ce n'est pas prononcer beaucoup de mots, mais c'est abîmer tous ses sens en Dieu.

XLIII

La *nouvelle aurore* ne peut éclairer l'homme que lorsqu'il a traversé le désert de l'*anéantissement* pour entrer dans la terre promise de l'*union* avec Dieu.

XLIV

Si vous avez écouté le Christ, vous avez appris de lui qu'il vous faut dépouiller le *vieil homme* qui se laisse corrompre par toutes les convoitises et les séductions, être renouvelés dans votre esprit et dans votre intelligence, et vous revêtir du *nouvel homme* créé à l'image de Dieu, suivant la justice et la sainteté véritables.

XLV

Renoncez à tout ce qui est malice, fraude, dissimulation, envie ou médisance. Désirez avec ardeur, comme des enfants nouvellement nés, le lait spirituel et pur, afin que vous croissiez par son moyen.

XLVI

C'est celui qui sent vivement son infériorité et son indignité qui est apte à percevoir les plus grands mystères.

XLVII

Pensez ou dites en ce moment des choses qui sont trop belles pour être vraies en vous ; elles seront vraies demain si vous avez tâché de les penser ou de les dire ce soir. Tâchons d'être plus beaux que nous-mêmes ; nous ne dépasserons pas notre âme.

XLVIII

La vraie *connaissance* doit passer maintes fois par le *feu* avant d'être fixée.

XLIX

Pour que Dieu entre dans une âme, il faut que tout en sorte et qu'il y soit seul.

L

Notre ennemi le plus terrible est en nous-même.

LI

Tout repose sur notre volonté. Est-elle ferme ? Dieu aussi est ferme, et lui donne ce qu'elle désire dans la rectitude.

LII

Le diable ne peut pas remuer un grain de poussière quand l'homme ne l'y aide pas.

LIII

Toute volonté propre est un diable qui combat contre Dieu.

LIV

Le combat spirituel est indescriptible : il faut l'expérimenter.

LV

Les régénérés gagnent leur pain spirituel à la sueur de leur âme.

LVI

Il faut nous préparer au combat, ne pas nous donner un jour de repos et accepter ce que Dieu nous envoie. Alors nous pourrons jouir du bonheur que Dieu nous donnera et devenir riches ou pauvres, sans nous en affecter.

LVII

Un fort est souvent renversé plutôt qu'un faible, parce que ce dernier s'abandonne à Dieu.

LVIII

Aucun homme ne peut concevoir quel travail c'est que de demeurer fidèle jusqu'à la fin dans la foi, l'amour et l'espérance.

LIX

Plus nous supportons d'épreuves, plus vite nous avançons vers la délivrance.

LX

Quelque chose t'est arrivé ? C'est bien. Tout ce qui t'arrive t'était destiné dès l'origine par les lois du Tout.

LXI

C'est du bourgeon du renoncement à soi-même que jaillit le doux fruit de la délivrance finale.

LXII

Tout acte nécessaire s'accomplit en disant : « Il faut le faire » ; et si l'auteur a supprimé le désir et abandonné le fruit de ses œuvres, c'est l'essence même de l'abnégation.

LXIII

De même que, dans le monde temporel, le renoncement aux désirs amène la paix profonde, de même, dans le monde spirituel, le renoncement à soi-même amène l'union en Dieu.

LXIV

Pour mettre fin aux atteintes du mal et de la souffrance, il n'y a pas d'autre moyen que de les supporter.

LXV

Où pourra-t-on trouver un homme qui veuille servir Dieu sans espoir d'un avantage personnel ? Un homme arrivé à ce degré d'évolution spirituelle, détaché de toutes choses, est bien rare. Qui trouvera le vrai pauvre spirituel, dépouillé de tout désir créaturel ? Combien éloigné du but le plus lointain n'est pas le prix qu'il se propose !

Si un homme donne tout son être, il n'est rien encore. S'il accomplit la plus rigoureuse pénitence, il est encore bien petit. S'il assimile toute la science, il est encore loin du but. S'il acquiert une grande vertu et une ardente piété, il lui manque encore beaucoup. Il lui manque surtout ce qui lui est le plus nécessaire. Qu'est-ce donc ? Qu'ayant renoncé à toutes choses, il renonce à lui-même ; qu'il sorte entièrement de son *moi* ; qu'il ne garde plus aucun lien d'amour avec sa personnalité.

LXVI

Celui-là ira vers Dieu, qui dans l'œuvre pense à Dieu.

LXVII

Plus l'homme s'éloigne des consolations terrestres et plus il s'approche de Dieu. Plus l'homme descend en lui-même et plus il se sent petit, plus il s'élève vers Dieu.

LXVIII

Descendre dans sa conscience, c'est comparaitre devant Dieu.

LXIX

Seul l'*homme intérieur* reçoit les influences de Dieu, et son union avec la personne physique échappe à la compréhension.

LXX

Il y a dans la vie morale de l'homme des instants où il se sent ravi, hors de lui-même et transporté jusqu'à Dieu.

LXXI

L'homme qui ne néglige aucun effort pour se placer au rang des meilleurs est comme un prêtre, un ministre de Dieu, un ami de Celui qui habite en lui.

LXXII

Ceux qui, dans ce qui est l'Essence, voient l'Essence, et dans ce qui n'est pas l'Essence, ne voient pas l'Essence, ceux-là s'abandonnent à de légitimes aspirations et atteignent à l'Essence.

LXXIII

La Vérité absolue n'existe pas pour l'homme des sens.

Elle n'existe que pour l'homme intérieur et spirituel qui possède un *sens intérieur* pour percevoir la vérité du monde transcendental, un sens spirituel qui perçoit les objets spirituels aussi naturellement en objectivité que le sens extérieur perçoit les objets extérieurs.

LXXIV

Si un homme aime Dieu, il est connu de Dieu.

LXXV

L'homme qui se complait dans la connaissance et dans la science, le cœur en haut, les sens vaincus, tenant pour égaux le caillou, la motte de terre et l'or, est *Uni* spirituellement.

LXXVI

Celui qui voit tous les Etres dans l'Ame suprême et l'Ame suprême dans tous les Etres, celui-là n'aura de mépris pour rien.

LXXVII

L'Union divine n'est ni pour qui mange trop, ni pour qui ne mange rien ; elle n'est ni pour qui dort longtemps, ni pour qui veille toujours. L'Union sainte, qui ôte tous les maux, est pour celui qui mange avec mesure, se récrée avec mesure, agit, dort et veille avec mesure.

LXXVIII

Il est possible d'être un homme divin et de n'être connu de personne.

LXXIX

La *communauté intérieure de la lumière* est la réunion

de tous ceux qui sont capables de recevoir la lumière, et des élus. Le dépôt primitif de toutes les forces et de toutes les vérités a été confié de tous temps à cette communauté de la lumière. Elle seule, comme dit saint Paul, était dans la possession de la science des saints. Par elle les agents de Dieu furent formés dans chaque époque, lesquels passèrent de l'intérieur dans l'extérieur et communiquèrent l'esprit et la vie à la lettre morte.

La prudence du monde épie en vain cet intérieur ; en vain la malice cherche à pénétrer les grands mystères qui y sont cachés : tout est hiéroglyphe pour celui qui n'est pas mûr ; il ne peut rien voir, rien lire dans l'intérieur. Celui qui est mûr s'ajoute à la chaine, peut-être là souvent où il le croyait le moins, et souvent où il n'en sait rien lui-même.

LXXX

Plus un homme fait régner en lui l'unité et la simplicité, plus nombreuses et plus élevées sont les vérités qu'il peut comprendre, sans aucun travail, parce qu'il reçoit de plus haut la lumière intellectuelle.

LXXXI

Celui qui s'est perfectionné par l'Union mystique, avec le temps trouve la science en lui-même.

LXXXII

Le véritable enfant de Dieu connait tout sans étude et peut tout sans entrainement.

LXXXIII

La vertu éclatante et supérieure conduit à la Voie. La Voie donne l'abondance de toutes choses.

LXXXIV

A l'un la parole de sagesse est donnée par l'Esprit ; à l'autre la parole de science est donnée par ce même Esprit. Un autre reçoit la foi de ce même Esprit ; un autre reçoit de ce même Esprit le don de guérir les malades. Un autre, les opérations des miracles ; un autre, la prophétie ; un autre, le discernement des esprits ; un autre, le don des langues ; un autre, le don d'interpréter les langues. Mais c'est un seul et même Esprit qui opère toutes ces choses, les distribuant à chacun comme il lui plait.

LXXXV

Le saint ou le parfait sage est une image modelée sur la sagesse et la perfection célestes. Il sera tout puissant, saura toutes choses, aura tout pouvoir au Ciel et sur Terre.

LXXXVI

Notre moi tout entier, dans sa partie consciente aussi bien que dans son inconscient, ne se compose que de forces venues de la Nature ; il ne peut se nourrir que d'aliments naturels et relatifs ; les sciences et les pouvoirs qui en résultent sont nécessairement incomplets et mélangés d'erreurs. L'Esprit seul comporte le vrai absolu, parce qu'il ne porte aucune chaine, du temps ni de l'espace. Celui qui a reçu le baptême de l'Esprit sait tout et tout lui est soumis.

LXXXVII

Si ton cœur était pur, toute créature serait pour toi un miroir de la Vie universelle et un livre de la Science divine. Car il n'y a pas une créature, si petite et si vile qu'elle paraisse, qui n'incarne une partie de la perfection divine. Si ton âme était bonne et pure, tu connaitrais et tu comprendrais toutes choses sans difficulté. Un cœur pur pénètre les mystères du Ciel et de l'Enfer.

LXXXVIII

Il n'y a dans le monde que les hommes souverainement parfaits qui puissent connaitre à fond leur propre nature, la loi de leur être et les devoirs qui en dérivent. Pouvant connaitre à fond leur propre nature et les devoirs qui en dérivent, ils peuvent par cela même connaitre à fond la nature des autres hommes, la loi de leur être, et leur enseigner tous les devoirs qu'ils ont à observer pour accomplir le mandat du Ciel. Pouvant connaitre à fond les autres hommes, la loi de leur être et leur enseigner les devoirs qu'ils ont à observer pour accomplir le mandat du Ciel, ils peuvent par cela même connaitre à fond la nature des autres êtres vivants et végétants, et leur faire accomplir leur loi de vitalité selon leur propre nature. Pouvant connaitre à fond la nature des êtres vivants et végétants, et leur faire accomplir leur loi de vitalité selon leur propre nature, ils peuvent par cela même, au moyen de leurs facultés intelligentes supérieures, aider le Ciel et la Terre dans la transformation et l'entretien des êtres pour qu'ils prennent leur complet développement. Pouvant aider le Ciel et la Terre dans la transformation et l'entretien des êtres, ils peuvent par cela même constituer un troisième pouvoir avec le Ciel et la Terre.

LXXXIX

Ne t'imagine pas que tu pourras obtenir des dons et

des forces spirituels si tu n'es pas résolu à les employer exclusivement au bien de ton prochain.

XC

Il faut une grande prudence dans l'usage des dons spirituels, afin que la vanité et l'amour-propre ne s'y introduisent pas.

XCI

Si des *pouvoirs* te sont donnés, uses-en avec précaution, sans exagérer leur valeur et sans ignorer leurs dangers. Celui qui veut atteindre la cime ne doit pas s'arrêter à la première station de la route.

XCII

Qui est véritablement un maitre spirituel ? Celui qui, ayant pénétré l'essence des choses, a toujours en vue d'être utile aux autres êtres.

XCIII

Le rôle des justes est de rétablir l'harmonie, la paix et le bonheur là où les méchants avaient semé la confusion, la guerre et la souffrance.

XCIV

Soyez bons dans les profondeurs, et vous verrez que ceux qui vous entourent deviendront bons jusqu'aux mêmes profondeurs. Rien ne répond plus infailliblement au cri secret de la bonté que le cri secret de la bonté voisine. Tandis que vous êtes bons activement dans l'invisible, tous ceux qui vous approchent feront sans le savoir des chóses qu'ils ne pourraient pas faire à côté d'un autre homme.

XCV

La fonction de l'homme est d'élever les êtres infé-
rieurs à lui en les faisant servir à sa propre élévation
dans la vie infinie.

XCVI

A mesure que nous devenons meilleurs, nous rencon-
trons des hommes qui s'améliorent. Un être bon attire
irrésistiblement des événements aussi bons que lui-même,
et, dans une âme belle, le hasard le plus triste se transforme en beauté.

XCVII

Le seul but raisonnable de la vie est l'avènement du
règne de Dieu sur la terre, règne de paix et d'amour
substitué à la discorde et à la lutte pour l'existence. Chacun peut y contribuer, et c'est dans la mesure où nous y
contribuons que notre vie a véritablement du prix.

XCVIII

La poésie suprême n'a d'autre but que de tenir ouver-
tes les grandes routes qui mènent de ce qu'on voit à ce
qu'on ne voit pas. Mais c'est aussi le but suprême de la
vie, et il est bien plus facile de l'atteindre dans la vie
que dans les plus nobles poèmes, car les poèmes ont dû
abandonner les deux grandes ailes du silence.

XCIX

Celui qui, par ignorance, se considère comme l'agent
unique de ses actes, voit mal et ne comprend pas.

C

La volonté de l'homme, comme celle de l'ange, est amour ; car l'homme aime ce qu'il veut et ne veut que ce qu'il aime.

CI

Aucun effort, même le plus petit, dans la direction bonne ou mauvaise, ne peut s'évanouir du monde des causes. Même la fumée dispersée ne reste pas sans traces.

CII

Sois attentif à l'accomplissement des œuvres, jamais à leurs fruits. Ne fais pas l'œuvre pour le fruit qu'elle procure, mais ne cherche pas à éviter l'œuvre. Constant dans l'Union mystique, accomplis l'œuvre et chasse le désir ; sois égal aux succès et aux revers : l'Union, c'est l'égalité d'âme. Malheureux ceux qui aspirent à la récompense.

CIII

Celui qui, ayant chassé le désir, accomplit les œuvres en vue de Dieu, n'est pas plus souillé par le péché que, par l'eau, la feuille de lotus.

CIV

L'homme satisfait de sa fonction, quelle qu'elle soit, parvient à la perfection. Il vaut mieux remplir sa fonction, même moins relevée, que celle d'autrui, même supérieure.

CV

Celui qui, heureux dans son cœur et content de lui

trouve en lui-même sa joie, celui-là ne dédaigne aucune
œuvre. Car il ne lui importe en rien qu'une œuvre soit
faite ou ne le soit pas, et il n'attend son secours d'aucun
des êtres. C'est pourquoi, toujours détaché, accomplis
l'œuvre que tu dois faire ; car en la faisant avec abnégation, l'homme atteint le but suprème. Si tu considères
l'ensemble des choses humaines, tu dois agir. Selon
qu'agit un grand personnage, ainsi agit le reste des
hommes ; l'exemple qu'il donne, le peuple le suit.

CVI

Agir consiste aussi à ne pas agir. Ainsi on n'est jamais
sans agir.

CVII

Si le matin tu as entendu la voix de la Sagesse
céleste, le soir tu peux mourir.

TROISIÈME PARTIE

I

Pourquoi attendez-vous que le firmament s'ouvre au fracas de la foudre ? Il faut être attentif aux minutes heureuses où il s'ouvre en silence, et il s'ouvre sans cesse.

II

La parole de Dieu se manifeste par la lumière qu'il accorde à l'homme. Dieu ne parle pas autrement.

III

La Vérité, qui est dans le plus intérieur des Mystères, est semblable au soleil ; il n'est permis qu'à l'œil d'un aigle de la regarder. La vue de tout autre mortel est éblouie et l'obscurité l'environne dans la lumière même.

IV

Un Dieu que l'homme comprendrait ne serait qu'un Dieu que l'homme pourrait inventer.

V

Dire que Dieu n'est pas, ou définir ce qu'il est, c'est également blasphémer. Toute définition de Dieu risquée par l'intelligence humaine est une recette d'empirisme religieux, au moyen de laquelle la superstition, plus tard, pourra alambiquer un diable.

VI

L'Idéal seul est la Réalité véritable ; le reste n'a de l'Etre que l'apparence.

VII

Dieu n'est pas plus dans le Ciel que sur la Terre, mais il est dans tout ce qui est, et il est Tout ce qui Est. Il est tout entier partout et il n'est contenu nulle part.

VIII

La voie qui est une voie n'est pas la Voie. Le nom qui a un nom n'est pas le Nom.

IX

Ce qui n'est pas ne peut être, et Celui qui Est ne peut cesser d'être.

X

La Vérité c'est l'Etre, l'Erreur c'est le Néant.

XI

L'Absolu contient toutes les formes de la vie relative et revêt toutes les manières d'être des créatures.

XII

Dieu est Amour. Celui qui reste dans l'Amour reste un Dieu.

TABLE DES MATIÈRES

Annecy. — Imp. HÉRISSON FRÈRES.

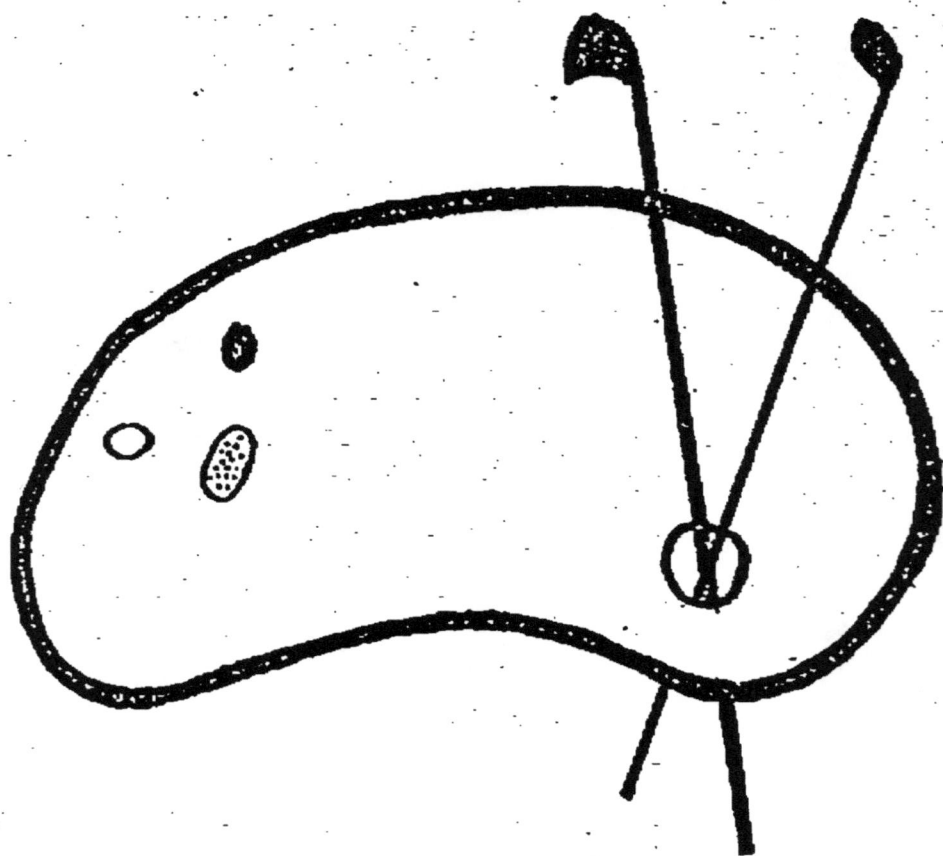

ORIGINAL EN COULEUR
NF Z 43-120-8

www.ingramcontent.com/pod-product-compliance
Lightning Source LLC
Chambersburg PA
CBHW060608100426
42744CB00008B/1366